BURGHARD BARTOS

ABENTEUER LAMBARENE

ALBERT SCHWEITZER

Illustriert von Erich Ballinger

UEBERREUTER

CIP-Titelaufnahme der Deutschen Bibliothek

Bartos, Burghard:
Abenteuer Lambarene – Albert Schweitzer / Burghard Bartos.
Ill. von Erich Ballinger. – Wien: Ueberreuter, 1989
ISBN 3-8000-1444-0

Sämtliche Fotos stammen vom Deutschen Albert-Schweitzer-
Archiv und Zentrum, Frankfurt am Main.
Autor und Verlag danken herzlich für die Abdrucksgenehmigung.

J 1665/1
Umschlag von Atelier Graupner & Partner, München,
unter Verwendung einer Illustration von Erich Ballinger
Illustrationen von Erich Ballinger
Copyright © 1989 by Verlag Carl Ueberreuter, Wien
Gesamtherstellung: Carl Ueberreuter Druckerei Ges.m.b.H., Korneuburg
Printed in Austria

Inhalt

DAS ERSTE KAPITEL

in dem erzählt wird, wie der Pfarrer
von Günsbach den Teufel verjagte, wie
gesund Fleischsuppe ist und warum
man zu Weihnachten auch weinen kann

Es war Sonntag. Im Turm der Dorfkirche von Günsbach läuteten die Glocken. Die Bauern hatten sich festlich angezogen, die Männer ihren schwarzen Anzug, die Frauen ihre Tracht. Und überall in den Kirchenbänken saßen Kinder zwischen den Erwachsenen.

Eins der Kinder hieß Albert. Der Junge war drei, vielleicht schon vier Jahre alt. Jedenfalls reichten seine Beine in den weißen Strümpfen noch lange nicht auf den Boden, wenn er in der Kirchenbank saß. Albert hatte sein feines Samtröckchen an. Er verhielt sich ganz still zwischen seiner Schwester Luise und der Magd. In aller Ruhe betrachtete er den schönen, goldenen Altar. Darauf freute er sich von Sonntag zu Sonntag.

Die Glocken schwangen aus, und die Orgel begann zu spielen. Albert sah hinauf. Ja, dort war es wieder, dort oben bei der Orgel erschien ein zottiges, schwarzes Gesicht. Es drehte sich hierhin und drehte sich dahin und glotzte mit aufgerissenen Augen in die Kirche hinein.

»Und wenn die Welt voll Teufel wär'
Und wollt' uns gar verschlingen . . .«

Das war der Teufel dort oben, ganz bestimmt. Albert sang vor Aufregung so laut, daß ihm die Magd den Finger auf den Mund legte.

Jeden Sonntag kam der Teufel und sah von oben auf die Gemeinde herunter, solange die Orgel spielte. Keiner hatte ihn gesehen, keiner außer Albert.

Albert hatte keine Angst. Sein Vater war doch Pfarrer in Günsbach. Und wenn der

der Teufel aber nicht, er kam wieder, wenn die Orgel spielte.

Doch dann stieg der Pfarrer Schweitzer auf die Kanzel und predigte – und sogleich verschwand der zottige schwarze Kopf dort oben. Nein, gegen den Vater kam der Teufel nicht an, so weit reichte nicht einmal seine Macht.

Es hat noch Jahre gedauert, bis Albert herausfand, wie das mit dem Teufel wirklich war. Es war nichts weiter als eine Verwechslung: Der Organist hatte einen Spiegel neben sich, in dem er das Kirchenschiff überblicken konnte, wenn er mit dem Rücken zum Altar an der Orgel saß. Und in diesem Spiegel hat Albert den bärtigen Organisten gesehen, wenn die Günsbacher Orgel ertönte.

Das kleine Dorf Günsbach liegt im Münstertal im Elsaß. Das ist dort, wo Deutschland im Westen aufhört und Frankreich anfängt. Um das Elsaß hat es zwischen Deutschland und Frankreich immer wieder Streit gegeben, aber nicht nur Streit, sondern auch Krieg. Für die Elsässer war das nicht leicht, dauernd waren sie der Zankapfel und hatten fremde Soldaten im Land.

Nach Günsbach im Elsaß also war vor Jahren der Pfarrer Schweitzer mit seiner Frau und seinen Kindern gekommen. Als neuer Pfarrer des Dorfes zog er ins Pfarrhaus ein. Albert war erst ein paar Wochen vorher geboren worden, es war im Jahr 1875, das Jahr, in dem ein Herr Linde den Kühlschrank erfand, Carl Hagenbeck in Hamburg die erste

Vater vor den Altar trat und betete, wenn dann die Orgel verstummte, machte sich auch gleich der Teufel davon. Ganz fort war

Tierschau hielt und an den Berliner Mädchenschulen zum ersten Mal geturnt werden durfte.

So groß und kräftig er einmal werden sollte, als Baby machte Albert den Eltern große Sorgen: Er war ganz gelb und mickrig anzusehen. Aber dann trank er jeden Tag die Milch von der Kuh des Nachbarn und wurde sogar ein bißchen dick.

Im Pfarrhaus gefiel es Albert sehr. Mit den Jahren hatte er zu seiner älteren Schwester Luise noch zwei jüngere und einen Bruder dazubekommen. Sie hießen Adele, Marguerite und Paul, und Albert spielte jeden Tag mit ihnen im Pfarrgarten.

Albert konnte sich das Leben gar nicht schöner vorstellen. Besonders sonntags, wenn er in die Kirche durfte. Da war es ihm immer ganz feierlich, wenn es vor dem Gottesdienst so still war und wenn er dann den Vater predigen hörte.

Vor dem Kirchgang hatte Albert aber noch ein Abenteuer zu bestehen. Jeden Sonntag kam der Totengräber ins Pfarrhaus, denn er war zugleich der Kirchendiener. Wenn Albert ihm die Tür aufmachte, legte ihm der Totengräber die Hand auf die Stirn und sagte: »Die Hörner wachsen.« Albert hatte nämlich zwei starke Höcker auf der Stirn und befürchtete insgeheim, daß ihm dort genau solche Hörner wachsen würden wie dem Moses in der Bilderbibel. Der Totengräber hatte ihm das eingeredet, und Alberts Angst wurde von Mal zu Mal größer.

Ein ganzes Jahr ging das so, Sonntag für Sonntag. Albert wollte sich dagegen wehren, wollte nicht mehr die Tür aufmachen. Aber der Totengräber hatte ihn in seiner Gewalt. Endlich hielt es Albert einfach nicht mehr aus und fragte seinen Vater. Der Vater sagte: »Moses war der einzige Mensch mit Hörnern, mein Sohn, wirklich der einzige.« Da fürchtete Albert sich nicht mehr und ließ die Hörner eben Hörner sein.

Der Totengräber aber war ein Spaßvogel und dachte sich gleich etwas anderes aus. »Wir sind jetzt preußisch«, sagte er, »und bei den Preußen muß jeder Soldat werden. Als Soldat mußt du Kleider aus Eisen tragen, die bekommst du beim Schmied angemessen.« Gleich ging Albert hinüber zum Schmied und paßte auf, ob wohl ein Soldat sich Kleider machen ließ. Es kam aber kein Soldat. Nur Esel kamen und Pferde, denen der Schmied die Hufe mit neuen Eisen beschlug.

Diesmal beruhigte ihn die Mutter. Sie sagte, er würde bloß ein ganz einfacher Soldat werden, und einfache Soldaten bekämen Kleider aus Stoff.

Eines Morgens kam der Vater mit einer Schiefertafel an den Frühstückstisch. Die Tafel mußte Albert unter den Arm klemmen, und so brachte ihn der Vater zum ersten Mal in die Schule. Nun würde es wohl aus sein mit der schönen Zeit, wo er den ganzen Tag spielen und träumen konnte. So dachte Albert sich das, und deshalb weinte er den ganzen Weg bis zum Schulhaus, wo der Vater ihn bei der Lehrerin abgab.

Albert träumte aber auch in der Schule vor sich hin. Er saß immer still an seinem Platz. Und es fiel ihm gar nicht leicht, Lesen und Schreiben zu lernen.

Durch die Schule fand Albert aber neue Freunde, das waren die Jungen aus dem Dorf. Nachmittags spielte er mit ihnen, und seinem besten Freund half er oft beim Kühehüten.

Und doch gehörte Albert nicht ganz zu den Dorfjungen, das merkte er immer wieder. Als er sich einmal mit Georg prügelte, mehr aus Spaß als im Ernst, und ihn auf den Boden drückte, rief Georg mit rotem Kopf: »Ja, wenn ich alle Woche zweimal Fleischsuppe zu essen bekäme wie du, dann wäre ich auch so stark.« Und als Albert nach Hause rannte, riefen ihm die anderen Jungen nach: »Herrenbüble! Herrenbüble!« Albert schämte sich und wußte doch nicht genau, weshalb.

Es war Mittagszeit, und auf dem Tisch stand die große Suppenschüssel. Gleich hörte Albert wieder Georgs Stimme: »Wenn ich alle Woche zweimal Fleischsuppe bekäme...« Albert brachte keinen Löffel hinunter, so hat er später erzählt, er ekelte sich davor. Die Eltern wurden böse, aber Albert aß nicht und sagte auch kein Wort.

Von dem Tag an wollte Albert überhaupt nicht mehr anders sein als die Jungen aus dem Dorf. Als er aus dem alten Mantel des Vaters einen neuen geschneidert bekam, zog er ihn nicht an – die Jungen im Dorf hatten auch keinen Mantel. Als er im Winter eine Matrosenmütze gekauft bekam, setzte er sie nicht auf – die Jungen im Dorf hatten braune Mützen mit Ohrenklappen. Und Lederschuhe zog er auch nicht an – die Jungen im Dorf trugen Holzschuhe. Zu Hause zog Albert alles an, was die Eltern wollten, aber nicht auf der Straße.

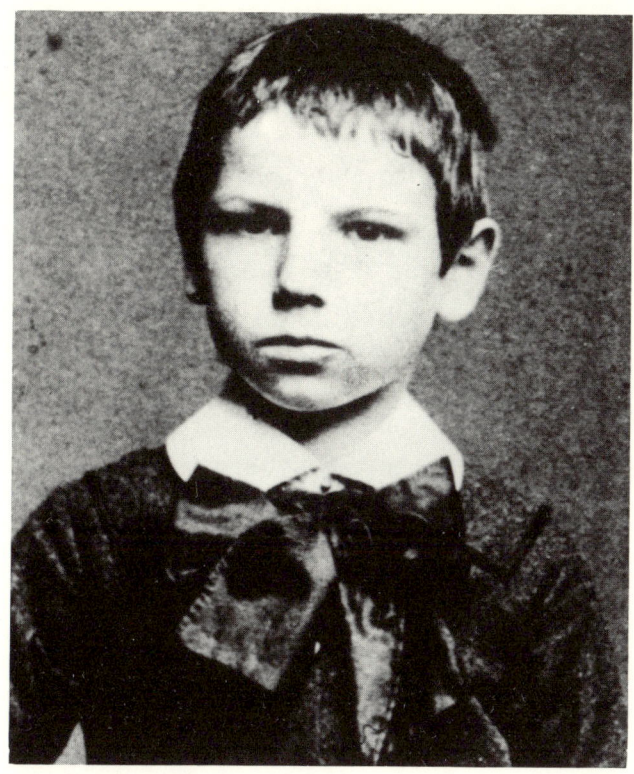
Albert als Schüler

Zehn oder zwölf Jungen liefen einem Mann hinterher und riefen immer wieder: »Mausche! Mausche!«

Es war ein kleiner Mann mit einem schwarzen Hut und einem schwarzen Umhang. Er führte einen Esel, der einen Karren zog. Und soviel die Jungen auch »Mausche« riefen, er schnauzte sie nicht an, er jagte sie nicht weg, er ging einfach weiter.

Albert hatte den Mann schon gesehen, es war ein jüdischer Viehhändler aus dem Nachbardorf. Und weil der Mann immer still weiterging, traute Albert sich auch und rief: »Mausche! Mausche!« Da drehte der kleine Mann sich um und lächelte ihn schüchtern an.

Daß Mausche seine Verfolgung still ertrug, machte auf Albert großen Eindruck. Und später, als Gymnasiast, ging Albert immer auf Mausche zu, wenn er ihn in Günsbach sah, gab ihm die Hand und begleitete ihn ein Stück.

Die Eltern verstanden ihn nicht, und er konnte es auch nicht erklären. Nur seine Schwester Luise hielt zu ihm, wenn er sonntags vor dem Kirchgang deshalb wieder Ohrfeigen bekam oder in den Keller gesperrt wurde.

Und für die Jungen im Dorf blieb Albert trotz allem das Pfarrersöhnle, das Herrenbüble.

Als Albert eines Tages vom Kühehüten ins Dorf zurückkam, hörte er es schon von weitem rufen: »Mausche! Mausche!« Das waren die Dorfjungen, und jetzt sah er sie auch.

Manchmal tat Albert Dinge, die er selber nicht richtig verstand. Der Vater hatte ihm gesagt: »Wenn der Briefträger kommt, dann paßt du mir auf den Hund auf.« Sobald sich der Briefträger näherte, trieb Albert den Hund mit einer langen Gerte in eine Ecke des Pfarrhofs. Wollte der Hund trotzdem auf den Briefträger losgehen, bekam er eins mit der Gerte über die Nase, daß er jaulte. So stand Albert jeden Tag vor dem knurrenden Hund und fühlte sich stark wie ein Tierbändiger im Zirkus. Jeden Tag schlug er den Hund, statt ihn einfach am Halsband festzuhalten, und jeden Tag tat es ihm hinterher leid. Dann nahm er den Hund in den Arm und streichelte ihn.

Wenn er beim Nachbarn kutschieren durfte, war es so ähnlich. Erst trieb Albert das klapprige, alte Pferd über die Landstraße und kam sich vor wie ein rasender Postillion. Wenn er aber im Hof angekommen war, sah er den Braunen nach Luft ringen. Da nützte es nichts, wenn er sich schämte, traurig neben dem Pferd stehenblieb und ihm über die Nase strich.

An einem Sonntagmorgen war Albert mit den Dorfjungen in die Weinberge gezogen, um Vögel zu schießen. Jeder hatte seine Gummischleuder bei sich. Albert war das gar nicht recht, er traute sich aber nicht mehr umzukehren.

Dann sahen sie die Vögel: Stare, mindestens ein Dutzend. Vorsichtig schlichen sich die Jungen an, legten Steine in ihre Schleudern, zogen den Gummi lang. Albert wollte nicht auf die Vögel schießen, aber er wollte auch nicht immer das Herrenbüble sein. Er wußte nicht, was er machen sollte. Und gerade in diesem Augenblick läuteten vom Kirchturm herüber die Glocken. Albert faßte sich ein Herz, sprang auf und fuchtelte mit den Armen, bis alle Stare aufflogen. Den ganzen Sonntag lang freute er sich darüber.

Alle diese Begebenheiten aus seiner Kindheit hat Albert Schweitzer gewissenhaft berichtet, weil sie für sein späteres Leben so wichtig ge-

wesen sind. Und so soll auch der Bericht von Weihnachten nicht fehlen.

Die ganze Familie Schweitzer freute sich auf Weihnachten, nur bei Albert wollte keine rechte Freude aufkommen. Denn seit er in der Schule Lesen gelernt hatte und vor allem Schreiben, mußte jede Tante und jeder Onkel, der den Kindern etwas zu Weihnachten geschenkt hatte, einen schönen Brief bekommen. So verlangte es der Vater.

Das Briefeschreiben war für Albert das Schwerste, was es gab. Zuerst mußte er sich für das Geschenk bedanken, und dann mußte er ein gesegnetes neues Jahr wünschen, und jeder Brief sollte anders aussehen, und vorgeschrieben mußte er werden und dem Vater gezeigt. Es war fürchterlich. Albert saß in der Studierstube des Vaters und grübelte und grübelte.

Seine Schwester hatte ihre Briefe im Nu fertig, und Albert bewunderte sie sehr. Er aber saß und saß, und irgendwann fing er an zu weinen. Albert weinte viel zwischen Weihnachten und Neujahr. Einmal weinte er sogar schon bei der Bescherung. Da lagen nun die ganzen Geschenke, und für jedes mußte er morgen einen Brief schreiben. Nein, da machte ihm die ganze Bescherung keine Freude mehr.

Mit Weihnachten war es überhaupt vertrackt. Maria und Josef und das Jesuskind – Albert hatte es in der Bibel gelesen – saßen in Bethlehem im Stall und bekamen lauter Geschenke. Sogar Gold und andere teure Sachen brachten die Könige aus dem Morgen-

Albert mit seinen Eltern und Geschwistern

land mit. »Und warum sind sie dann bei der Flucht nach Ägypten wieder ganz arm gewesen und haben kein Geld gehabt? Wo war das ganze Gold denn geblieben?« Das fragte sich Albert immer wieder, aber er fand darauf keine Antwort.

DAS ZWEITE KAPITEL

in dem erzählt wird, warum das Lachen
nicht immer lustig ist, daß einem die Faulheit
nicht viel nützt und warum erwachsene Männer
keine kurzen Hosen tragen sollten,
aber erst recht keine zu kurzen

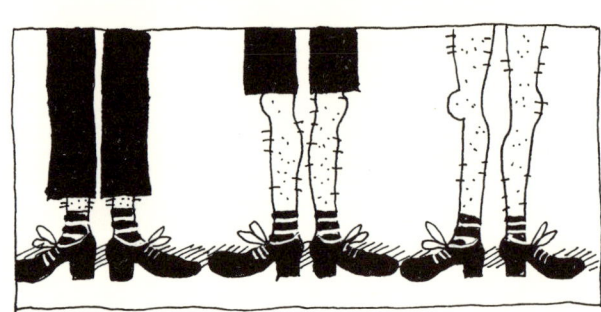

Mit neun Jahren kam Albert auf die Realschule nach Münster. Jeden Morgen ging er eine halbe Stunde durch die Berge zur Schule und abends eine halbe Stunde zurück. Das war ihm die liebste Stunde vom ganzen Tag. Wenn irgend möglich, ging er allein.

Es gefiel ihm in der Natur, er freute sich über die Bäume und Blumen und über die Tiere. Auf dem Weg malte er sich die schönsten Geschichten aus, und er schrieb sogar Gedichte. Albert war sehr leicht zum Lachen zu bringen, bei jedem Unsinn gackerte er los. Seine Klassenkameraden hatten das bald heraus. Und der Lehrer schrieb oft den Tadel ins Klassenbuch: »Schweitzer lacht.« Er gab Albert sogar den Spitznamen Isaak, das heißt: der Lachende.

Vielleicht hat er gerade deshalb versucht, auf Fotografien immer ernst dreinzuschauen – denn es gibt kein einziges Foto, auf dem Albert Schweitzer mit lachendem Gesicht zu sehen ist.

Ein Jahr später ging Albert auf das Gymnasium in Mülhausen. Onkel Louis, sein Taufpate, und die Tante Sophie hatten ihn zu sich genommen. Sonst hätte Vater Schweitzer sich eine so lange Schulzeit für den Sohn nicht leisten können. Und auch das Schulgeld hätte er von seinen Einkünften nicht zahlen können, aber zum Glück hatte Albert als Pfarrerssohn einen Freiplatz.

Der Onkel war Schuldirektor, in seinem Haus herrschte Ordnung. Vormittags und nachmittags ging Albert in die Schule, nach dem Mittagessen mußte er auf dem Klavier üben und nach dem Abendbrot auch. »Du weißt nicht, wozu das noch einmal gut ist«, sagte die Tante jedesmal, wenn sie Albert ans Klavier scheuchte.

Der Vater hatte Albert schon als Fünfjährigen auf den Hocker vor dem Tafelklavier gehoben und ihm das Klavierspiel gezeigt. Und seit diesem Tag hatte Albert üben müssen. Bald konnte er mit beiden Händen gleichzeitig spielen, besser sogar als seine Lehrerin. Aber das war keine Kunst, weil sie immer nur mit einem Finger die Kirchenlieder hintupfte.

Weil ihm in Mülhausen der Schulweg durch die Wiesen und Felder so sehr fehlte, stürzte Albert sich auf die Bücher. Er las wie ein Verrückter, angefangene Bücher konnte er gar nicht mehr aus der Hand legen. Und weil er nur bis zehn Uhr lesen durfte, überflog er die Bücher, wenn die Zeit knapp wurde. Das war der Tante gar nicht recht.

»Lies doch langsam und schling die Bücher nicht so in dich hinein«, verlangte sie. Es half nichts – Albert raste über die Seiten hin, und wenn ihm ein Buch besonders gut gefiel, las er es gleich zweimal oder dreimal hintereinander.

Albert war ein schlechter Schüler auf dem Gymnasium, und der Direktor gab dem Pfarrer Schweitzer den Rat, seinen Sohn doch von der Schule zu nehmen. Alberts Weihnachtszeugnis war so schlecht, daß seine Mutter die ganzen Ferien über mit verweinten Augen herumlief.

Da bekam Albert einen neuen Klassenlehrer, Dr. Wehmann hieß er. Albert bewunderte ihn. Und was ihn am meisten beeindruckte, war sein Pflichtbewußtsein. Pünktlich gab Dr. Wehmann alle korrigierten Arbeiten zurück, und jede Stunde hatte er ganz genau vorbereitet.

Dr. Wehmann wurde Alberts Vorbild. Beim Osterzeugnis gehörte Albert schon zu den besseren Schülern.

Aber zu Hause in Günsbach hatten die Eltern Sorgen. Der Vater war krank, und das besserte sich erst, als die Schweitzers aus dem dunklen, kalten Pfarrhaus in ein neues, helles umzogen. Geld war deshalb knapp, und Albert lief, sparsam wie er war, auch im Winter in Mülhausen in seinem dünnen Sommeranzug herum. Und die Tante fand nichts dabei, ihr war es recht, wenn Albert sich ordentlich abhärtete.

Albert mit achtzehn Jahren

Klavierunterricht bekam Albert bei Eugen Münch. Mit dem Klavierspielen ging es anfangs nicht besser als mit der Schule. Denn Albert übte die aufgegebenen Stücke nicht, er spielte lieber, was ihm so in den Sinn kam. Und er schämte sich auch, vor seinem Lehrer »mit Gefühl« zu spielen. »Albert Schweitzer ist meine Qual«, sagte Herr Münch ein ums andere Mal. Und einmal sagte er: »Wenn einer kein Gefühl hat, dann kann ich ihm auch keins geben.« Da übte Albert die ganze Woche, und beim Vorspielen gab er sich einen Ruck und spielte das Lied so, wie er es fühlte. Herr Münch sagte nicht viel, aber er klopfte Albert auf die Schulter.

Und nach seiner Konfirmation durfte Albert auf der großen Orgel der Stephanskirche Unterricht nehmen. Das war schon lange Alberts Traum gewesen: er wollte nicht am Klavier, er wollte an einer Orgel spielen. Schon mit neun Jahren hatte er manchmal in Günsbach den Organisten vertreten. Jetzt, mit sechzehn Jahren, vertrat er Herrn Münch. Und noch im selben Jahr saß er zum erstenmal in einem öffentlichen Konzert an der Orgel.

Nebenher gab Albert Nachhilfestunden in Mathematik, denn er sparte auf ein Fahrrad. Und er erinnerte sich daran, wie er das erste Fahrrad gesehen hatte. Es war in Günsbach gewesen; vor dem Gasthaus hatte es gestanden mit seinem mannshohen Vorderrad, dem kleinen Hinterrad und dem Sattel hoch oben

darauf. Der mutige Sportsmann saß bei einem Schoppen Wein in der Gaststube, und draußen warteten gespannt die Dorfkinder. Endlich trat der Radfahrer durch die Tür – und er hatte kurze Hosen an. Einen erwachsenen Mann in kurzen Hosen hatte bis dahin noch kein Günsbacher gesehen. Die Kinder lachten, was das Zeug hielt.

Später kamen die »Känguruhs« auf, das waren halbhohe Räder, und schließlich waren die niedrigen Fahrräder da. So ein Rad wollte Albert haben, obwohl es damals noch als feige galt, auf einem so niedrigen Rad zu fahren.

Mit achtzehn Jahren machte Albert sein Abitur. Er bekam schlechtere Noten als erwartet, und das lag nur an seiner Hose.

Zur mündlichen Prüfung mußte jeder in schwarzen Hosen erscheinen. Albert besaß aber keine und hatte auch kein Geld, sich eine zu kaufen. Deshalb lieh er sie sich vom Onkel Louis. Aber der Onkel war klein und dick, Albert dagegen groß und kräftig. In seiner Aufregung hatte Albert nicht daran gedacht, die Hose einmal anzuprobieren.

Erst am Morgen vor der Prüfung erkannte er die Bescherung, und in aller Eile verlängerte er seine Hosenträger mit einer Schnur. Da hing die Hose so tief, daß man zwischen Rock und Hose sein weißes Hemd sehen konnte. Aber bis zu den Schuhen reichte die Hose trotzdem nicht hinunter, und hinten schlug sie ungeheure Falten.

Als Albert mit dieser Hose in die Schule kam, lachten seine Klassenkameraden sich fast krank. Und sie lachten noch, als alle zusammen in die Prüfung gingen. Alberts Schlotterhose fiel den Lehrern gar nicht auf, aber dafür sahen sie die lachenden Prüflinge. Und deshalb prüften sie den Unruhestifter besonders streng. Na, geschafft hat Albert das Abitur trotzdem, und auch noch mit einem besonderen Lob in Geschichte.

DAS DRITTE KAPITEL

in dem erzählt wird, wie manche Lehrer
von ihren Schülern lernen, warum ein schönes
Leben nicht das wichtigste ist und warum
ein berühmter Doktor wieder zum
Studenten wurde

Vier Monate nach dem Abitur zog Albert Schweitzer nach Straßburg. Die Hauptstadt des Elsaß hatte eine Universität, und Albert Schweitzer wollte studieren.

Als erstes Theologie, und damit trat er in die Fußstapfen seines Vaters, des Pastors von Günsbach. Wegen seines Fahrrades bekam Albert Schweitzer gleich Schwierigkeiten, denn einer der Herren Professoren fand es durchaus nicht passend, wenn seine Studenten auf so einem »Geschwindläufer« daherfuhren; er verbot es kurzerhand.

Als zweites studierte Albert Schweitzer auch noch Philosophie. Dieses griechische Wort bedeutet soviel wie Weltweisheit. Albert Schweitzer wollte also über das Leben nachdenken und über die Menschen in der Welt.

In den Semesterferien spielte er Orgel. Sein Lehrer Eugen Münch hatte längst sein großes Talent erkannt und gab ihm den Rat, zu Frankreichs berühmtestem Organisten zu fahren, zu Charles Marie Widor an der Kirche St-Sylpice in Paris.

Albert Schweitzer hatte diesem Monsieur Widor geschrieben und ihn gebeten, ihm auf der Orgel einmal vorspielen zu dürfen. Er bekam keine Antwort, und so setzte er sich einfach auf die Bahn und fuhr nach Paris.

Als er in die Kirche St-Sylpice trat, hörte er Orgelspiel. Er hastete die Stufen hinauf und stand vor der Orgel und vor dem hochberühmten Monsieur Widor. »Guten Tag«, sagte er, »ich habe Ihnen geschrieben, ich bin Albert Schweitzer.«

»Ach ja, ich erinnere mich« sagte Monsieur Widor, »eigentlich wollte ich gerade zum Essen gehen. Aber gut, was wollen Sie mir vorspielen?«

Und Albert Schweitzer sagte: »Bach, natürlich.« Und ohne es zu wissen, hatte er damit das Eis gebrochen, er durfte bei Monsieur Widor an der großen Orgel spielen.

Widor und Albert Schweitzer arbeiteten lange Zeit zusammen an der Orgel, und nach einigen Jahren sagte Monsieur Widor einmal: »Es ist gar nicht so gewiß, wer eigentlich hier den Unterricht nimmt, Albert Schweitzer oder Widor selber.«

Ein Jahr später mußte Albert Schweitzer einrücken, er wurde Soldat. Ein Fußsoldat wie die meisten: Kleider aus Eisen bekam er nicht. Dafür aber einen Hauptmann, der ihm viel Zeit ließ zum Lesen und zum Nachdenken, und Albert Schweitzer durfte sogar nach Straßburg auf die Universität gehen.

Zu Pfingsten war Albert Schweitzer aus dem Militärdienst nach Hause gekommen. Es war frühmorgens, er lag noch auf seinem Bett, das Fenster stand offen. Draußen blühten die Bäume, die Vögel sangen, und es duftete ganz herrlich nach Frühling.

Albert Schweitzer war glücklich; er durfte lernen, er durfte Orgel spielen, er konnte Tag und Nacht lesen und nachdenken, es gab für ihn nichts Schöneres.

Aber zur gleichen Zeit gab es so viel Leid und Elend und Not um ihn herum und in der

ganzen Welt. Schon als Junge hatte er sein behütetes Elternhaus immer mit den bitterarmen Familien der anderen Dorfkinder verglichen. Und jetzt als Student dachte er oft an die vielen Menschen, die aus Geldnot und Krankheit nicht so viel erreichen konnten wie er.

Daß gerade er glücklich und gesund sein durfte, das war für Albert Schweitzer nicht selbstverständlich. Es war für ihn wie ein Geschenk, für das er dankbar sein mußte. Und auch damit war es nicht getan, er mußte etwas zurückgeben für dieses Glück, etwas ganz eigenes, etwas von sich selber.

Und während draußen vor dem Fenster die Vögel sangen, ging Albert Schweitzer das Wort Jesu durch den Kopf: »Wer sein Leben will behalten, der wird es verlieren, und wer sein Leben verliert um meinet- und des Evangeliums willen, der wird es behalten.«

Verlieren sollte er sein glückliches Leben, aufgeben, um ein neues zu finden? Aber wo sollte er dieses neue Leben suchen? Bisher hatte er für sich gelebt, für seine Wissenschaft, für seine Musik. Aber er war ein Christ, und er kannte das Bibelwort: »Liebe deinen Nächsten wie dich selbst.« Das konnte doch nur heißen, daß auch er, Albert Schweitzer, versuchen mußte, das Leid und das Elend und die Not in der Welt etwas kleiner zu machen. Das hieß, er mußte dienen, er mußte für andere Menschen leben.

Diese Frage hatten sich doch auch andere gestellt; und sie hatten auch eine Antwort gefunden und danach gehandelt. Wer hatte sein

Albert als Student

altes Leben verlassen, um ein neues zu finden? – Jesus!

Und wie hatte es Jesus gemacht? Er hatte in der Zimmermannswerkstatt gelebt mit seiner Mutter, seinen Verwandten und Freunden, bis er dreißig Jahre alt war. Und dann war er ausgezogen, um vom Reich Gottes zu predigen und den Menschen zu helfen – um sein Leben zu verlieren und ein neues zu finden.

So also war das zu verstehen, und so wollte Albert Schweitzer es auch machen. Sein Entschluß stand fest: Wenn er dreißig Jahre alt war, dann wollte er auch sein altes Leben aufgeben, um ein neues zu finden.

Er war jetzt einundzwanzig Jahre alt. Es blieben ihm also noch neun Jahre, um zu lesen, zu lernen und Orgel zu spielen. Neun Jahre lagen noch vor ihm, da war es wohl kein zu hoher Preis, sich für so viele glückliche Jahre dankbar zu zeigen und für das äußere Glück das innere einzutauschen.

So dachte Albert Schweitzer sich das, und dann stand er vom Bett auf und setzte sich wieder an seine Bücher.

So wie er früher gelesen hatte, lernte Albert Schweitzer nun. Er schlang das Wissen in sich hinein. Er las, er schrieb, er lernte unentwegt. Er legte sich kaum ins Bett zum Schlafen, er schlief über den Büchern ein. Und ab und an dachte er daran, etwas zu essen. Wenn er nicht so kräftig gewesen wäre, hätte ihn dieses Leben sicher krank gemacht.

Bei diesen enormen Anstrengungen bestand er bald ein Examen nach dem anderen. Als erstes ein theologisches Examen, damit wurde er Lehrvikar und mußte zu seiner vielen Arbeit nun auch noch Religionsunterricht geben.

Dann studierte er ein Semester, also ein halbes Jahr, in Paris und schrieb seine Doktorarbeit. Im nächsten Jahr studierte er in Berlin und wurde Doktor der Philosophie.

Im Jahr 1900, Albert Schweitzer war gerade fünfundzwanzig Jahre alt, wurde er auch Doktor der Theologie. Er arbeitete als Hilfsprediger an der Kirche St-Nikolai in Straßburg. Seine Predigten nahm er, wie alles, sehr ernst; er predigte in einfachen, klaren Sätzen. Nur seine Zuhörer in der Kirche beschwerten sich, Vikar Schweitzer predige immer so kurz. Sein Vorgesetzter sagte ihm, zwanzig Minuten müßte so eine Predigt schon dauern. Albert Schweitzer antwortete bescheiden: »Ich bin noch ein sehr junger Mensch, und ich muß aufhören, wenn mir die Gedanken ausgehen.«

Albert Schweitzer gab Konfirmandenunterricht, er kümmerte sich um die Studenten der Theologie, er versuchte nebenbei, den Straßburger Waisenkindern zu helfen und fuhr mit seinem Fahrrad in die Vororte von Straßburg, um Armen und Landstreichern das zu bringen, was er bei Freunden und Bekannten erbettelt hatte. Und Monsieur Widor in Paris bat ihn, doch ein Buch über Johann Sebastian Bach zu schreiben. Mit Orgeln und Orgelbau beschäftigte sich Albert Schweitzer ohnehin.

Er war jetzt siebenundzwanzig Jahre alt. In drei Jahren wollte er sein Leben ändern, und er dachte nicht einmal daran, diesen Vorsatz aufzugeben, er war viel zu beschäftigt, und er war zu glücklich.

Wenn sich gerade einmal Zeit fand, dann fuhr Albert Schweitzer zusammen mit anderen jungen Leuten auf dem Fahrrad durch das Elsaß, hinaus in den Wald, ins Grüne. Und er lernte die junge Lehrerin und Krankenschwester Helene Bresslau kennen. Sie wurden Freunde und sahen sich häufiger. Helene Bresslau hatte den gleichen Entschluß gefaßt wie Albert Schweitzer, sie wollte nach dem fünfundzwanzigsten Lebensjahr ein neues Leben anfangen.
Aus der Lebensbeschreibung des Komponisten Bach war inzwischen ein dickes Buch von 450 Seiten geworden. Albert Schweitzer hatte es auf französisch geschrieben. Es erschien in Paris und löste bei allen Bach-Freunden einen Sturm der Begeisterung aus. Jetzt mußte eine deutsche Übersetzung her, und wer hätte sie besser schreiben können als Schweitzer selber. Also setzte er sich hin und fing auch dieses Buch an, aber er schrieb es noch einmal völlig neu.

Die neun Jahre waren beinahe herum, in ein paar Wochen wurde Albert Schweitzer dreißig Jahre alt. Und er wußte noch immer nicht, was er in seinem neuen Leben anfangen sollte. Darüber hatte er sich noch keine Gedanken gemacht.

Da fand er eines Tages auf seinem Schreibtisch das dünne Heft einer Pariser Missionsgesellschaft. Darin las er von Afrika, von der Mission in der französischen Kolonie am Kongo und davon, wie dringend dort Ärzte gebraucht wurden.
Albert Schweitzer las den Artikel bis zum Ende, dann legte er das Heft zur Seite und ging an seine gewohnte Arbeit. Er brauchte nicht mehr zu suchen, er hatte seinen Platz gefunden, an dem er den Menschen dienen konnte. Er wollte Arzt werden im Urwald in Afrika.

Im Oktober 1905 geschah zweierlei: zum einen wurde Doktor Doktor Schweitzer wieder Student, diesmal Student der Medizin. Und zum anderen schrieb er seinen Eltern und seinen Freunden einen Brief, in dem er ihnen erklärte, wie er in Zukunft leben wollte.
Na, es erhob sich ein Sturm der Entrüstung. Ganz deutlich hat es zwar keiner ausgesprochen, aber einige haben ihn damals für verrückt gehalten. Wie konnte denn jemand so etwas tun? Ein angesehener Theologe, Philosoph und Musiker, ein Fachmann für Orgelbau und großer Organist wollte zeit seines Lebens nach Afrika zu den Negern gehen? Alles aufgeben, was er hatte, was er konnte und was er im Leben darstellte und noch erreichen würde, aufgeben für ein paar kranke Wilde im Urwald? Also wirklich!
Alles Unverständnis beeindruckte Albert Schweitzer nicht. Er setzte sich in den Hör-

saal und büffelte Medizin wie jeder andere junge Student auch.

In seiner großen Wohnung im St-Thomas-Stift in Straßburg stapelte Albert Schweitzer viele Hunderte von Büchern auf. Denn neben der Medizin forschte er dem Leben Jesu nach, und für jeden Punkt seiner Forschung baute er einen Bücherturm, den er nach und nach wieder abtrug, wenn er die Bücher durchgearbeitet hatte. Seine Haushälterin durfte bei Strafe keines der Bücher abstauben oder auch nur anfassen, sie wischte immer um die Büchertürme herum.

Albert Schweitzer hielt auch weiter seine eigenen Vorlesungen, gab weiter Konfirmandenunterricht, predigte weiter im Gottesdienst und gab Orgelkonzerte, natürlich mit Musik von Bach. Er wußte sicherlich selber nicht, wie er das alles nebeneinander schaffte. Jedenfalls legte er nach sechs Jahren sein Examen in Medizin ab. Die Prüfungsgebühr bezahlte er mit dem Honorar für ein Bachkonzert in München. Jetzt mußte er noch ein Jahr als Assistenzarzt arbeiten und seine Doktorarbeit schreiben. Und im Sommer 1912 heiratete er Helene Bresslau.

In Paris machte sich Albert Schweitzer mit der Tropenmedizin vertraut. Dort erbat er sich von der Pariser Missionsgesellschaft die Erlaubnis, auf ihrem Gelände in Afrika sein Krankenhaus aufbauen zu dürfen. Das Geld dazu erbettelte er sich von seinen Freunden, und er gab Konzerte, die ihm wieder Geld eintrugen. Auch sein Buch über Johann Sebastian Bach verkaufte sich gut.

Es war sehr viel Geld nötig, denn Albert Schweitzer und seine Frau Helene wollten alles mitnehmen, was sie in Afrika brauchen würden: Medikamente, Verbandszeug, Spritzen, Messer, Desinfektionsmittel... einfach alles.

Am Ostersonntag 1913 machten sich die beiden mit siebzig Kisten auf den Weg nach Afrika.
Professor Doktor Doktor Doktor Albert Schweitzer war jetzt achtunddreißig Jahre alt.

DAS VIERTE KAPITEL

in dem von einer langen Schiffsreise
erzählt wird mit Sturm und Orkan,
vom fernen Afrika und einem kleinen
Haus im Urwald

Mit Trompetensignalen fuhr der Zug aus dem Bahnhof von Bordeaux, viele Kolonialsoldaten reisten mit. Unter blauem Himmel ratterte der Zug hin durch die laue Frühlingsluft. Nach anderthalb Stunden schnaufte die Lokomotive im Hafen von Pauillac den Kai entlang. Nur zehn Schritte weiter lag der Kongodampfer »Europe«.

Und dann hatten Herr und Frau Schweitzer alle Hände voll zu tun, ihre schweren Kabinenkoffer in all dem Gedränge und Geschrei über den schmalen Laufsteg an Bord zu bekommen. Ihre Kabine lag weit von der riesigen, dröhnenden Maschine entfernt, zum Glück, denn die Reise würde drei Wochen dauern.

Am zweiten Tag kamen sie zum Golf von Biscaya. »Dreimal war ich schon im Golf«, erzählte ein Militärarzt den Schweitzers, »zweimal hatten wir Sturm – und einmal Orkan.«

Diesmal kam nur Sturm. Die ganze Nacht rollte der flachgebaute Kongodampfer im Seegang, daß man meinen konnte, man säße auf einem Schaukelpferd. Die Koffer der Schweitzers krachten bei jeder Woge von einer Seite der Kabine auf die andere; erst am anderen Morgen konnte der Steward sie mit dicken Stricken festbinden.

Die Insel Teneriffa hatten sie hinter sich gelassen. Albert Schweitzer sprach mit einem erfahrenen Arzt jeden Tag Tropenkrankheiten durch. Seit sie vor Afrikas Küste dahindampften, trugen die Schweitzers auch weiße Anzüge und Tropenhelme; zwei Tage lang

kamen sie sich in den neuen Sachen wie verkleidet vor. Aber man hatte ihnen eingeschärft, die Tropensonne als den schlimmsten Feind anzusehen, ganz besonders dann, wenn sie verschleiert war oder wenn sie auf- oder unterging.

In Dakar standen Albert Schweitzer und seine Frau zum ersten Mal auf afrikanischem Boden. Weiter ging die Fahrt nach Konakri und dann entlang der Pfefferküste, der Elfenbeinküste, der Goldküste und der Sklavenküste. Tagsüber waren vom Schiff aus die Gewitter zu beobachten, die über dem Land niedergingen. Und nachts leuchtete das Meer,

wenn der Dampfer darüber hinfuhr, und Quallen stiegen aus der Tiefe wie glühende Kugeln.

In Kap Lopez kamen die Schweitzers mit ihren siebzig Kisten gut durch den Zoll. Sie mußten weniger zahlen, als sie voll Sorge erwartet hatten.

Am nächsten Morgen schaufelte sich der kleine Dampfer den Fluß Ogowe hinauf ins Landesinnere. Auf einmal gab es ringsum nur noch Wasser und Urwald. Ein Ufer gab es nicht mehr, nur Schlingpflanzen, grüne Blätter, Baumstämme, Lianen und Wurzeln, ein

26

undurchdringliches, verfilztes Gewirr. Leuchtend bunte Vögel tauchten aus dem Dickicht auf, und dann plötzlich zeigte Helene Schweitzer in die Baumwipfel: »Albert, dort! Siehst du die Affen? Ach, weißt du, jetzt sind wir wirklich in Afrika.«

Nach jeder Biegung sah der Fluß genauso aus wie vorher: Eine einförmige, grüne Mauer umschloß das Wasser, und nur der schwarze Kapitän wußte den Weg. Von Zeit zu Zeit mußte der Dampfer anlegen, weil schon wieder Holzscheite für die Feuerung des Dampfkessels gebraucht wurden, Tausende von Scheiten. Die schwarzen Träger sangen, wenn sie das Holz an Bord trugen. Für den Trägerlohn kauften sie sich Schnaps.

»Sehen Sie, da drüben«, sagte ein Kaufmann auf dem Schiff zu Albert Schweitzer und zeigte auf verfallene Hütten am Ufer, »vor ein paar Jahren waren das noch blühende Dörfer. Schuld an dem Elend ist nur der Schnaps, der macht alles kaputt.«

Am nächsten Tag um die Mittagszeit tutete der Dampfer; in der Ferne tauchte das Dorf Lambarene auf.

Auf dieses Signal hatten die Dorfbewohner gewartet. Bis der Dampfer bei der Anlege-

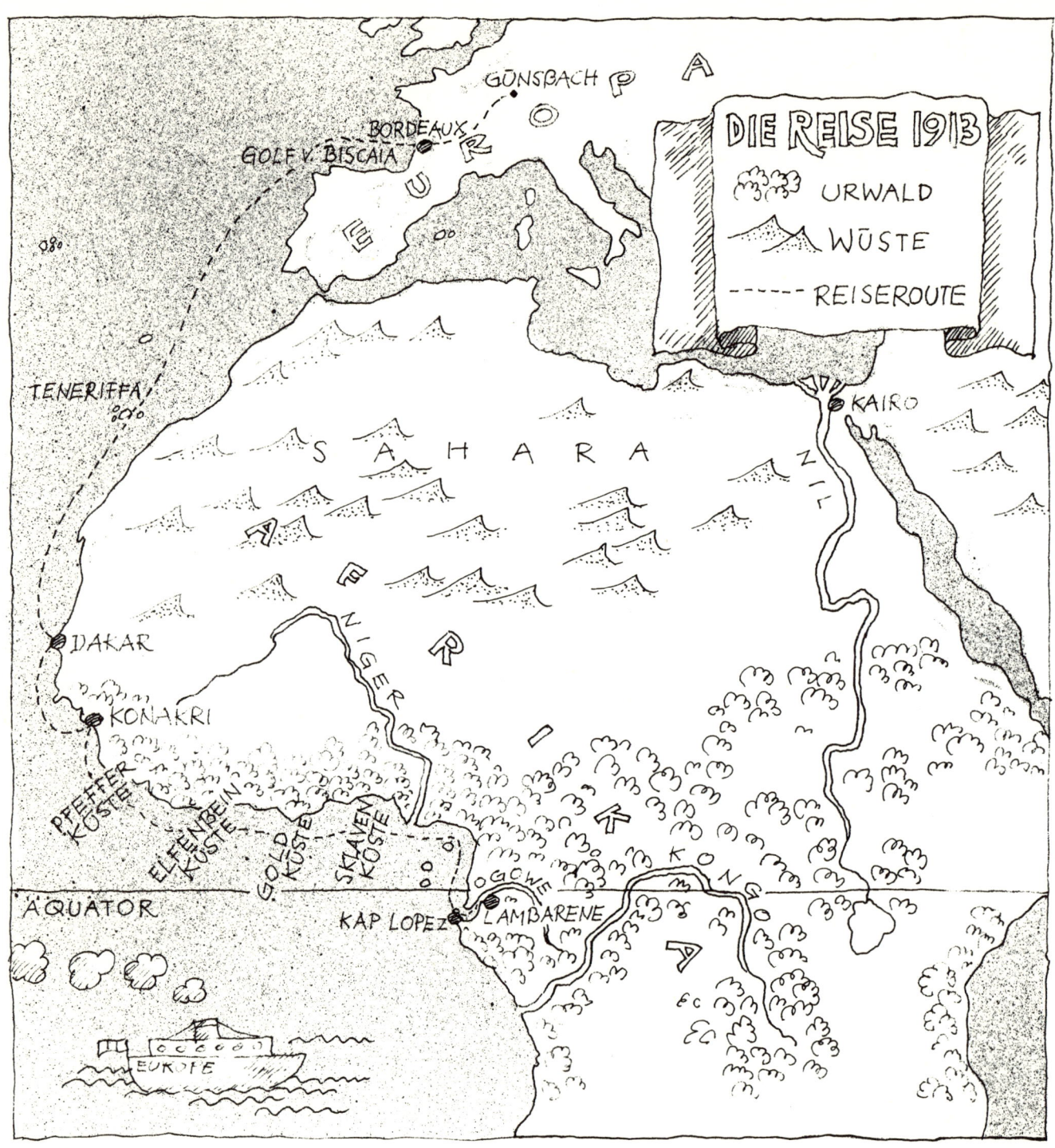

DIE REISE 1913

☁ URWALD

⌒ WÜSTE

--- REISEROUTE

GÜNSBACH

BORDEAUX

GOLF V. BISCAIA

EUROPA

KAIRO

TENERIFFA

SAHARA

NIL

DAKAR

AFRIKA

KONAKRI

NIGER

PFEFFER KÜSTE

ELFENBEIN KÜSTE

GOLD KÜSTE

SKLAVEN KÜSTE

OGOWE

KONSO

ÄQUATOR

KAP LOPEZ

LAMBARENE

EUROPE

stelle sein würde, hatten sie gerade genug Zeit, in ihre Kanus zu springen und dem Dampfer entgegenzurudern.

Auf einmal kam ein langes Kanu auf den Dampfer zugeschossen, dann noch eins. In jedem saß ein Missionar, die schwarzen Kinder aus der Missionsschule standen. Sie waren um die Wette gerudert, und die kleineren hatten gewonnen. Deshalb durften sie das Ehepaar Schweitzer ans Ufer bringen.

Die Kanus waren schmal und flach und sahen ganz besonders kipplig aus. Etwas beklommen stiegen Albert Schweitzer und seine Frau ein. Die Jungen blieben wieder stehen im Boot, sie sangen und ruderten im Takt.

Am Ufer mußten Albert Schweitzer und seine Frau viele schwarze Hände schütteln, und dann brachten die Frau Missionarin, die Lehrerin und der Handwerkermissionar das Ehepaar Schweitzer zu ihrem Häuschen. Es

Das Ehepaar Schweitzer (rechts) mit Missionaren

Das erste Wohnhaus der Schweitzers in Lambarene

hatte vier kleine Zimmer, eine Veranda rings-
herum und stand auf lauter Eisenpfählen.
Albert Schweitzer und seine Frau waren angekommen. Mehr als 10 000 Kilometer waren sie mit dem Schiff gefahren, um den
Menschen hier zu helfen: ihre Krankheiten
zu heilen und die Schmerzen zu lindern.

Nach dem Abendbrot bei Missionar Ellen-
berger wurden die Schweitzers mit Laternen
den Hügel hinauf nach Hause gebracht. Das
Haus war lange nicht bewohnt gewesen, deshalb mußten sie stundenlang dicke Spinnen
und Kakerlaken jagen, bevor sie ins Bett gehen konnten.

DAS FÜNFTE KAPITEL

*in dem erzählt wird, warum Kranke
in einem Hühnerstall behandelt wurden,
warum kleine Flaschen und falsche Zähne
im Urwald so beliebt waren und wie es ist,
gefangengenommen zu werden*

Morgens um sechs bimmelte die Glocke am Missionshaus, die Schulkinder sangen einen Choral.

Und vor dem Haus warteten schon die ersten Kranken. Wie er sie behandeln sollte, wußte Albert Schweitzer selber nicht, er hatte nur wenig Medikamente und ärztliches Besteck bei sich. Die siebzig Kisten Ausrüstung sollten erst in drei Wochen den Ogowe heraufkommen.

Einen Dolmetscher für die vielen verschiedenen Sprachen der Eingeborenen gab es auch nicht. Ein schwarzer Lehrer hatte sich als Übersetzer angeboten, aber er kam nicht in der ersten Woche, nicht in der zweiten, und in der Woche darauf kam er immer noch nicht.

Dafür tutete mitten in der Nacht der Dampfer unten am Fluß. Endlich kamen die ersehnten Kisten und wurden mit vieler Mühe in Kanus durch einen Seitenarm des Ogowe heraufgebracht und dann auf den Hügel geschleppt. Auch ein tropenfestes Klavier war dabei, mit Orgelpedal, ein Geschenk der Pariser Bach-Gesellschaft. Für die dicke, mit Blech ausgeschlagene Kiste lieh Albert Schweitzer sich ein besonders großes Kanu.

Nun hatte er also Medikamente, aber noch kein Behandlungszimmer. Also behandelte er die Kranken im Freien vor dem Haus, und im Wohnzimmer brachte ihm der Handwerkermissionar ein paar Regalbretter für die Medikamente an.

Wenn das Nachmittagsgewitter kam, flüchtete Albert Schweitzer mit allen Sachen ins Haus, damit nur ja nichts naß wurde. Aber auch wenn es nicht regnete, war alles klamm von der feuchten Tropenluft. Kurz entschlossen räumte Albert Schweitzer schließlich einen Hühnerstall aus und richtete ihn mit einer Pritsche und ein paar Regalen als Behandlungszimmer ein. Er war sehr glücklich darüber, wenn er auch in der schwülen, kleinen Wellblechbude den ganzen Tag über den Tropenhelm nicht vom Kopf bekam, weil die

Tropensonne überall durch das löchrige Dach schien. Aber es ging voran.

Jetzt fand sich auch ein Dolmetscher, er hieß Joseph und war früher Koch gewesen. Deshalb übersetzte er dem Doktor alles, was die Kranken ihm erzählten, in die Kochsprache. »Dieser Mann«, sagte Joseph, »hat Weh im rechten Schinken.« Oder er sagte: »Diese Frau hat Schmerzen im oberen linken Kotelett und im Filet.«

Um halb neun begann die Sprechstunde. Vorher trug ein Heilgehilfe laut die Hausord-

Dr. Schweitzer behandelt ein Fußgeschwür.

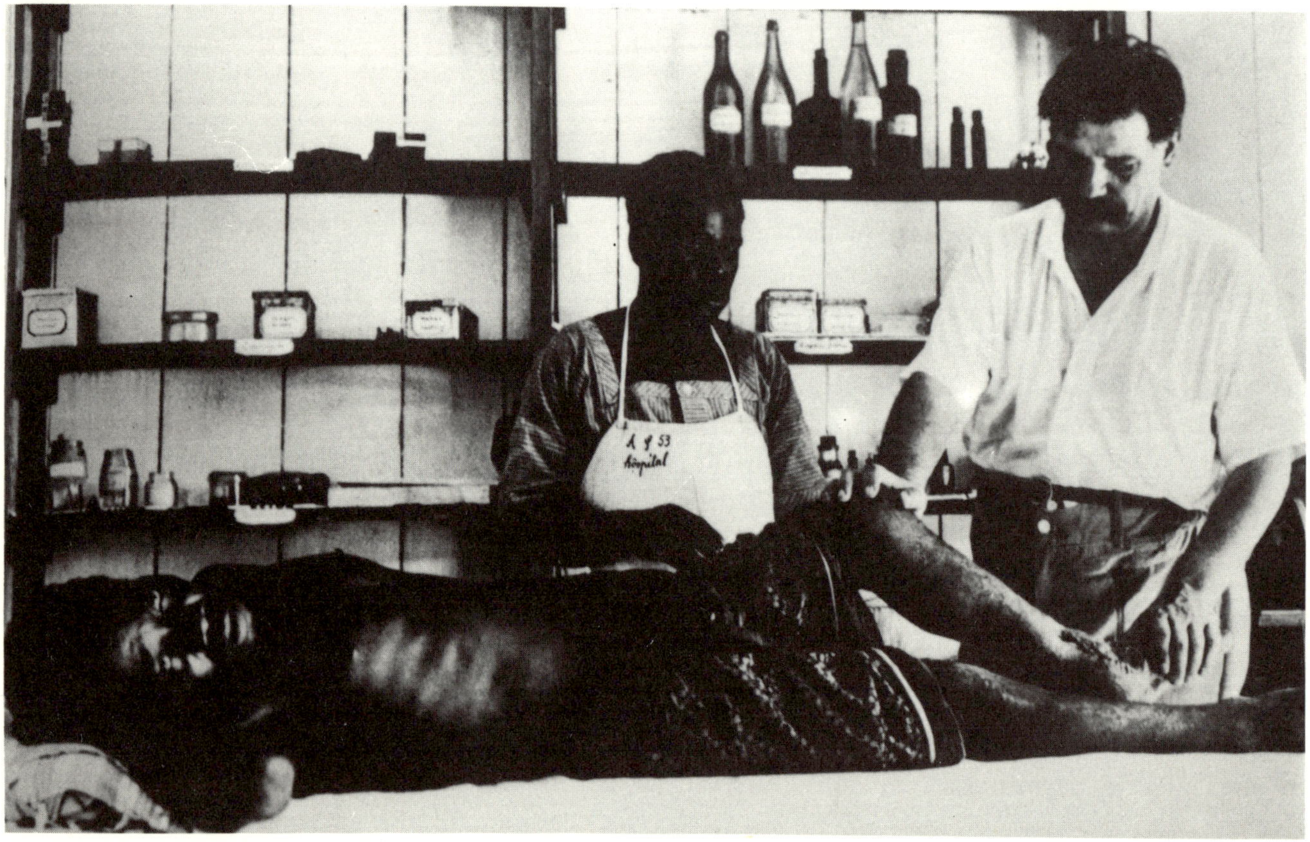

Dreißig bis vierzig Kranke hatte Albert Schweitzer jeden Tag zu versorgen. Und weil er im Hühnerstall nur so wenig Medikamente unterbringen konnte, mußte er beinahe für jeden Kranken hinübergehen ins Wohnzimmer und dort die Medizin abwiegen und mischen. Es war alles ziemlich umständlich, aber er freute sich doch, wie er mit einfachen Mitteln so vielen Menschen helfen konnte.

Bald kamen die Kranken auf dem Fluß von weit her. Es hatte sich schnell herumgesprochen, daß in Lambarene ein weißer Zauberer den »Wurm« vertreiben konnte. Wo die Kranken Schmerzen hatten, dort fraß der

Die Kranken werden von Verwandten begleitet.

nung vor, damit jeder sie hören konnte: Es war verboten, auf den Boden zu spucken, sich während der Sprechstunde laut zu unterhalten und ohne Erlaubnis in der Station zu übernachten. Jeder sollte sich das Essen für einen Tag mitbringen und auch die Gläser und Dosen für Medizin, die er beim vorigen Besuch bekommen hatte.

Albert Schweitzer hätte nie gedacht, wie viele Fläschchen und Dosen er brauchen würde. Von seinen Patienten bekam er nur etwa die Hälfte wieder zurück, und so schrieb er allen Freunden in Europa, sie sollten doch bitte im ganzen Bekanntenkreis Dosen und Flaschen sammeln und sie ihm schicken. »Ich freue mich auf den Tag«, sagte er, »an dem ich einmal genug Fläschchen haben werde.«

Wurm an ihnen, so sagten sie. Und sie erzählten die Geschichte ihres Wurms, der erst in den Beinen saß, dann im Kopf und dann wieder im Bauch. Und freudestrahlend kamen sie zu Albert Schweitzer, wenn seine gute Medizin den Wurm vertrieben hatte.

Die nächste große Aufgabe, die Albert Schweitzer in Angriff nahm, war der Bau eines Spitals. Er brauchte mehr Platz, viel mehr Platz für die vielen Kranken, die auf dem Gewirr der Nebenarme des Ogowe in ihren Kanus zu ihm kamen. Sie kamen noch dazu mit ihren Verwandten, und so mußten die vielen Brüder und Schwestern, Väter, Mütter und Kinder gleich mit untergebracht werden.

Grund und Boden gab es genug. Die Lichtung der Missionsstation war 600 Meter lang und 100 bis 200 Meter breit; auf der einen Seite floß der Ogowe, und hinter den Hütten reckten sich die Urwaldriesen dreißig Meter in die Höhe. Kein Lüftchen regte sich auf dieser Lichtung, die brütende Luft stand unbeweglich still.

Eingeborene, die auf Behandlung warten

Auf einem der drei Hügel standen das Missionshaus, die Knabenschule und das Vorratshaus, auf dem anderen die Mädchenschule und noch ein Missionshaus, in der Mitte stand das Haus des Doktors. Unten am Fluß sollte nun das Spital entstehen.

Zuerst mußte der Bauplatz gerodet werden. Fünf Arbeiter fanden sich mit Müh und Not

Beim Roden

bereit dazu, und auch die übertrafen alles an Faulheit, was Albert Schweitzer bisher erlebt hatte. Erst viel später verstand er die Einstellung der Eingeborenen zur Arbeit: Der Urwald gab ihnen ja mit wenig Arbeit alles, was sie zum Leben brauchten. Geld benötigten sie nur, um Steuern zu zahlen oder wenn sie sich eine Frau kaufen wollten. Wozu sollten sie also von morgens bis abends arbeiten – um Geld zu verdienen, das sie gar nicht brauchten?

Ein Holzhändler lieh Albert Schweitzer schließlich eine Arbeitskolonne, und solange der Doktor und Joseph mitarbeiteten, ging die Arbeit voran. Der Vorarbeiter lag inzwischen allerdings im Schatten einer Palme und rief von dort gelegentlich: »Ja, ja, immer fleißig, nur weiter so.« Zuletzt machten Albert Schweitzer und Joseph die Arbeit ganz allein.

Eines Tages wurde der Doktor zur nächsten Missionsstation gerufen, nach N'Gômô, weil eine Missionarin sich zu lange ohne Tropenhelm im Freien aufgehalten hatte. Jetzt lag sie mit schwerem Fieber im Bett.

Als Albert Schweitzer nach Lambarene zurückkam, war die Wellblechbaracke fertig, die beiden Handwerkermissionare der Station hatten sich inzwischen darangemacht. Vierzehn Tage später war die Baracke auch eingerichtet, und der Doktor und der Heilgehilfe Joseph konnten endlich aus dem Hühnerstall ausziehen.

Die Wellblechbaracke hatte ein Behandlungszimmer und einen Operationssaal, jeder

Albert Schweitzer beim Barackenbau

Überall arbeitet der Doktor mit.

Raum vier mal vier Meter groß. Außerdem gab es unter dem weit vorspringenden Dach eine kleine Apotheke und einen Raum, wo die Instrumente und Verbände ausgekocht werden konnten. Die Fußböden waren aus Zement, und die Fenster reichten bis unters Dach; trotz des Wellblechdaches war die Baracke angenehm kühl.

Einen Monat später standen auch noch die Wartehalle und die Krankenbaracke. Sechzehn Betten gab es in diesem Schlafsaal. Die Bettstellen mußten die Verwandten der Kranken selber bauen. Sie schlugen vier Pfähle als Bettpfosten in die Erde, legten Stämme darüber und spannten Lianen dazwischen. Als

Matratze nahmen sie trockenes Gras. Die Betten waren einen halben Meter hoch, darunter stapelte sich das Gepäck und die Verpflegung, hauptsächlich Bananen, die alle Tage gebraten wurden.

Endlich hatte man etwas Platz. Frau Schweitzer zeigte Joseph in dem neuen Spital, wie die Instrumente abgekocht werden mußten und wie man Operationen vorbereitet. Denn nachmittags wurde operiert, vormittags hatte der Doktor Sprechstunde.

Operationen waren sehr beliebt bei den Kranken, sie drängten sich geradezu, wer als erster unters Messer durfte. Ganz starker

Die ersten Krankenhütten in Lambarene

Zauber war für sie die Vollnarkose. »Erst tötet der Doktor die Kranken«, erzählten sie sich immer wieder, »dann heilt er sie, und dann weckt er sie wieder auf.« Auch das Zahnziehen hatte großen Erfolg. Wer sogar ein falsches Gebiß besaß, der wurde stark beneidet, und mancher bat den Doktor, ihm alle Zähne auszureißen und in Europa neue zu bestellen.

Nicht nur durch den Wurm konnten die Schwarzen krank werden, sie glaubten auch fest an böse Geister und Verzauberungen. Gegen solchen Zauber half ein Fetisch, das war ein kleiner Beutel mit bunten Federn, Leopardenzähnen und bunter Erde. So ein Fetisch besaß übernatürliche Kräfte, ganz besonders, wenn er ein Stück vom Schädel eines Menschen enthielt, der zu diesem Zweck umgebracht worden war. Albert Schweitzer hat selber so einen Fetisch geschenkt bekommen.

Die Menschen lebten in ständiger Angst vor Verzauberungen durch diese unsichtbaren Mächte und Kräfte.

Wenn Albert Schweitzer das sah und hörte, war er doppelt froh über die Missionare, die vom Christentum predigten und von der Liebe Gottes zu den Menschen.

Gefürchtet waren die Nilpferde im Fluß. Mehr als einen Patienten hatte der Doktor zu versorgen, dem ein Nilpferd das Kanu umgeworfen hatte. Die wütenden Tiere verfolgten die Ruderer, und oft kam es dabei zu schweren Verletzungen.

Deshalb war es für Albert Schweitzer ein schaurig-schönes Erlebnis, als er eines Abends mit dem Kanu nach Lambarene zurückfuhr und den ersten Nilpferden begegnete. Er hatte den Weg abkürzen wollen, und seine Ruderer arbeiteten sich gegen den Strom durch einen dreißig Meter breiten Kanal. Plötzlich fing am anderen Ufer eine Nilpferdherde zu brüllen an. Das Kanu kam nur Zentimeter für Zentimeter voran. Die Nilpferde verfolgten es am anderen Ufer. Dahinter stand der schwarze Urwald, und der Mond glänzte auf dem Wasser. Eine Viertelstunde begleiteten die Nilpferde das Kanu, während die Ruderer keuchend ihre Paddel ins Wasser stachen.

In Zukunft wollte der Doktor lieber Umwege machen.

Anfang August des Jahres 1914 kam eine schlimme Nachricht in den Urwald: es war Krieg in Europa. Deutsche und französische Soldaten schossen aufeinander, Österreicher schlugen sich mit Russen. Noch am selben Tag wurden Albert Schweitzer und seine Frau unter Bewachung gestellt. Als Elsässer waren sie deutsche Staatsbürger auf französischem Boden und damit Kriegsfeinde. Die beiden wurden bewacht, durften mit niemandem sprechen und auch keine Kranken mehr behandeln. Albert Schweitzer nützte diese unfreiwillige Pause: Er vergrub sich sofort wieder in seine Bücher. Doch das ging nicht lange so. Der Doktor war ja der einzige Arzt in der Nähe, er hatte Medikamente und Apparate, und Kranke gab es genug.

Auch für die Missionare begann eine schwere Zeit; sie wußten nicht, wie es ihren Verwandten und Freunden zu Hause erging, ob ihre Dörfer und Städte in Gefahr oder gar zerstört waren.

Den Eingeborenen war der Krieg ganz unverständlich. Wie konnte es sein, daß ausgerechnet die Weißen sich gegenseitig mit Bomben zerfetzten und mit Säbeln erschlugen, die Weißen, die nach Afrika gekommen waren, um von der Liebe und dem Evangelium zu predigen?

Auch Albert Schweitzer wußte darauf keine Antwort; er sagte ihnen, in Europa gehe etwas Unbegreifliches vor sich, etwas unerklärlich Schreckliches. Das Ausmaß des Krieges konnten sich die Schwarzen ohnehin nicht vorstellen. Bei ihnen mußte jeder getötete

Krieger teuer bezahlt werden, ob er zu den Siegern gehörte oder nicht. Feldzüge und große Schlachten verboten sich also von selbst, wer hätte denn soviel Geld gehabt, um auch nur zehn oder zwanzig Tote zu bezahlen.

Mit der Zeit bekamen sie selbst die Auswirkungen des Krieges dort in Europa zu spüren: Die Handelsschiffe, die bisher das feine afrikanische Holz abgeholt hatten, blieben aus, weil sie jetzt als Kriegsschiffe gebraucht wurden. Da brach am Ogowe der Holzhandel zusammen. Kein Kranker konnte mehr dem Doktor etwas bezahlen für die teuren Medikamente, Albert Schweitzer mußte jeden umsonst behandeln. Und Frau Schweitzer verpflegte die ganze Station auch noch mit so gutem Essen, daß die Leute von weither kamen, um in Lambarene wieder einmal satt zu werden.

Regenzeit – Trockenzeit – Regenzeit, das zweite Jahr in Lambarene ging zu Ende. Es war Weihnachten 1914. Statt eines Tannenbaums nahmen Schweitzers eine kleine Palme, um darauf Weihnachtskerzen anzuzünden. Als sie halb heruntergebrannt waren, blies Albert Schweitzer sie aus.
»Was ist? Warum läßt du sie nicht herunterbrennen?« fragte seine Frau.
»Andere Kerzen haben wir nicht. Wir wollen sie für das nächste Jahr aufsparen.«

DAS SECHSTE KAPITEL

in dem von einer Ameisenplage erzählt wird,
von Gefangenschaft und Freiheit, davon,
daß man mit Liebe und Sorgfalt kochen soll, und
wozu das Orgelspiel doch gut sein kann

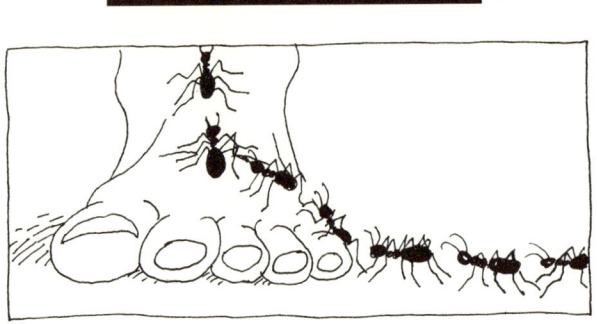

Nächstes Jahr? Nächstes Jahr wollten Schweitzers eigentlich wieder nach Europa zurückkehren. Das heiße, feuchte Wetter in den Tropen setzte der Gesundheit Albert Schweitzers und seiner Frau sehr zu. Auch die Missionare waren nach wenigen Jahren erschöpft und mußten nach Hause zurück, um ihre Gesundheit zu erhalten.

Vorerst aber ging die Arbeit im Spital weiter. Knochenbrüche, Quetschungen, Aussatz, Schlafkrankheit, Geschwüre, Eiter, Blut und Schmerzen, das war der Alltag des Doktors. Und dazu noch ungewöhnlich viele Geisteskranke. »Dieses Land frißt seine Kinder«, sagten die Neger, »wir alle hier sind krank.« Aber es tröstete den Doktor sehr, wenn er einem Patienten hatte helfen können, wenn einer keine Schmerzen mehr hatte und ihn anlächelte. Dann setzte sich Albert Schweitzer trotz all seiner Arbeit zu ihm ans Bett und erzählte ihm, wie der Herr Jesus ihm befohlen hatte, hierher zu kommen und diese Arbeit zu tun. Und er sagte, daß es in Europa viele Menschen gäbe, die selbst einmal große Schmerzen gehabt hätten und die jetzt alle helfen wollten, anderen die Schmerzen zu nehmen.

Unterdessen ging das Leben weiter, ein so ganz anderes Leben als in Europa. Keine Hand konnte man in eine Schublade stecken, ohne vorher nachzusehen, ob vielleicht eine giftige Spinne darin saß. Termiten fraßen die Vorratskisten des Spitals auf, Rüsselkäfer machten die Maisvorräte sogar in verlöteten Blechkisten zu Staub.

Zu Anfang und Ende der Regenzeit mußte man nachts mit Überfällen der Wanderameisen rechnen. Sie waren viel größer als unsere rote Waldameise, hatten sehr viel größere Kiefer und konnten vor allem schnell laufen. In geordneten Kolonnen kamen sie in Fünfer- oder Sechserreihen anmarschiert und schwärmten auf ein unsichtbares Zeichen plötzlich nach allen Seiten aus.

Das Ehepaar Schweitzer merkte es immer am Glucksen der Hühner. Dann sprangen beide aus dem Bett, Albert Schweitzer rannte im Nachthemd zum Hühnerstall, um die Hühner freizulassen, sonst wären sie von den Ameisen aufgefressen worden. Frau Schweitzer stieß inzwischen dreimal ins Horn. Das war das Zeichen für alle Männer im Spital, Eimer voll Wasser aus dem Fluß zu holen. Oben beim Haus wurde dann Lysol ins Wasser gemischt, und die Eimer wurden um das Haus herum ausgeschüttet.

Die Ameisen konnten den Lysolgeruch nicht ertragen und zogen sich zurück. Trotzdem sind der Doktor und seine Helfer von den Ameisen nie ganz verschont geblieben. Die Insekten waren an den Beinen hinaufgekrochen und hatten sich ins Fleisch gebissen; sie ließen nicht mehr los, und man mußte die Kiefer einzeln mit der Pinzette aus der Haut herausziehen. Einmal zählte Albert Schweitzer auf sich mehr als 100 Ameisen.

So unermüdlich, wie er in Straßburg und Paris gearbeitet hatte, so beschäftigt war Albert Schweitzer auch im Urwald. Nur in den Mittagspausen spielte er auf seinem Klavier, natürlich Bach.

Und abends saß er beim Lampenschein und dachte über die Welt nach. Immer noch war Krieg in Europa. Es war unbegreiflich. Hunderte und Tausende von Jahren hatten Philosophen und Schriftsteller nachgedacht über das Zusammenleben der Menschen, hatten Frieden gewollt und Glück. Und was herrschte in Europa? Gewinnsucht, Eigennutz und jetzt auch noch Krieg. Es mußte einen Ausweg geben. Seit er in Straßburg studiert hatte, war ihm dieser Gedanke nicht mehr aus dem Kopf gegangen.

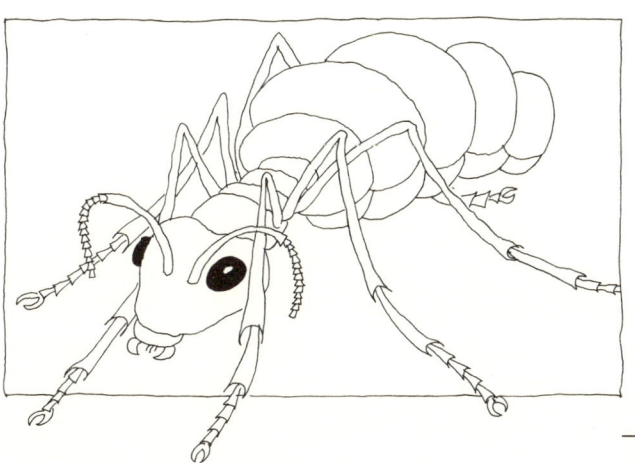

Eines Tages wurde er wieder nach N'Gômô gerufen, weil die Frau eines Missionars erkrankt war. Er fuhr auf einem kleinen Frachtdampfer die 200 Kilometer stromauf. Langsam ging es voran, der Dampfer war überladen. Albert Schweitzer saß an Deck, aß mit den Schwarzen aus einem Topf und dachte nach. Auf einem Zettel machte er sich Notizen. Und auf einmal las er auf dem Zettel die Worte: Ehrfurcht vor dem Leben.

Das war es, wonach er jahrelang im stillen gesucht hatte, Ehrfurcht vor dem Leben. Das war die Grundlage seiner neuen Philosophie für das Abendland.

Joseph war weggelaufen. »Der erste Heilgehilfe bei Dr. Albert Schweitzer«, wie er sich selber nannte, der bei Operationen assistiert hatte, sich nicht vor Blut und Eiter fürchtete wie die anderen Eingeborenen, der Dolmetscher Joseph, der sein Geld für gute Kleider ausgab und immer viel besser angezogen war als der Doktor selber, Joseph war aus dem Spital weggelaufen. Albert Schweitzer hatte ihm nur noch die Hälfte seines Lohnes zahlen können, weil er aus Straßburg wegen des Krieges kein Geld mehr bekam und bei der Pariser Missionsgesellschaft und seinen Freunden in Europa ohnedies schon hohe Schulden hatte. »Doktor«, hatte Joseph gesagt, »für so wenig Geld zu arbeiten, läßt meine Würde nicht zu.« Als Koch hatte er ohnehin mehr verdient als im Spital. Damit war er gegangen, und sein Erspartes, 200 Franken für eine Ehefrau, hatte er auch gleich auf den Kopf gehauen.

Im September 1917, es war das dritte Kriegsjahr, kam plötzlich aus Frankreich der Befehl zum Abtransport. Albert Schweitzer und seine Frau wurden mit dem nächsten Schiff nach Europa in ein Gefangenenlager gebracht.

Nach Wochen legte die »Afrique« in Bordeaux an, und alle Internierten wurden in ein großes Gefangenenlager in den Pyrenäen gebracht. Es war ein ehemaliges Kloster, in dem jetzt Hunderte von Gefangenen lebten.

Einer der Internierten zimmerte Albert Schweitzer einen Tisch, das war ein großes Geschenk, denn jetzt konnte der Doktor schreiben und auch an der Orgel spielen, so gut sich an einem Tisch die Orgel spielen ließ – er mußte sie sich eben vorstellen.

Dr. Schweitzer war der einzige Arzt im Lager, und da er seine Ausrüstung mitgenommen hatte, bat ihn der Direktor, sich um die Gefangenen zu kümmern.

Ein neuer Transport mit Gefangenen kam ins Lager. Doch schon nach den ersten Mahlzeiten beschwerten sich die Neuen über das Essen. Das war unverständlich, denn die besten Pariser Köche kochten in der Lagerküche.

Die Köche waren empört, und beide Seiten liefen zum Direktor. Die Meckerer behaupteten einfach, sie würden mit den gleichen Zutaten ein viel besseres Essen zustande bringen. »Was seid ihr denn von Beruf?« fragte der Direktor und hörte verwundert, daß sie Schneider waren, Besenbinder, Hutmacher und Korbflechter. »Also gut«, sagte der Direktor, »für vierzehn Tage dürft ihr in die Küche. Dann werden wir ja sehen.«

Gleich am ersten Tag gab es Kartoffeln mit Kohl – und das Essen war fabelhaft! Diese armen Leute, die sich nichts als billige Zutaten leisten konnten, hatten gelernt, das Beste daraus zu machen. Und so blieben sie in der Lagerküche.

Im Juli 1918, der Krieg dauerte immer noch an in Europa, wurden auf deutscher und französischer Seite Gefangene ausgetauscht. Auch Albert Schweitzer durfte mit seiner Frau das Lager verlassen und ins Elsaß zurückkehren. An der Schweizer Grenze trafen sich der Zug mit den deutschen und der Zug mit den französischen Gefangenen. Sie fuhren gleichzeitig über die Grenze, aber in entgegengesetzter Richtung.

In der Schweiz wurde der Doktor von einigen Freunden begrüßt, die schon seit Wochen gewußt hatten, daß er kommen würde. Mit der Eisenbahn ging es weiter nach Konstanz am Bodensee. Hier sahen Albert Schweitzer und seine Frau zum erstenmal das Elend und den Hunger der deutschen Bevölkerung. Abgemagert und erschöpft waren die Menschen.

Helene Schweitzer fuhr zu ihren Eltern nach Straßburg, Albert Schweitzer machte sich auf zu seinem Vater nach Günsbach. Der Zug fuhr nur bis Colmar, und die letzten fünfzehn Kilometer ging Albert Schweitzer zu Fuß.

Günsbach war der letzte bewohnte Ort vor den Schützengräben des Kampfgebietes. Von den Bergen, in denen Albert Schweitzer so gern gewandert war, hallte jetzt der Kanonendonner.
Es war ein stilles Wiedersehen mit dem Vater, der seinem Sohn erzählte, wie die Mutter vor zwei Jahren von einem Militärpferd verletzt worden und daran gestorben war. Der Vater war vom Krieg schon so abgestumpft, daß er bei Bombenangriffen gar nicht erst in den Keller ging.

Das Straßburger Bürgerspital nahm Albert Schweitzer als Assistenzarzt an. Wie immer war er mit einer Arbeit allein nicht ausgela-

Günsbach

stet: Gleichzeitig wurde er wieder Vikar in St-Nikolai und durfte sogar das Pfarrhaus bewohnen.

Im Januar 1919 wurde dem Ehepaar Schweitzer die Tochter Rhena geboren.

Wenn Albert Schweitzer bei seiner Arbeit an frühere Zeiten zurückdachte, als er noch viele Freunde in Paris gehabt hatte, als er Orgelkonzerte gegeben und Vorlesungen gehalten hatte, kam er sich jetzt vor »wie ein Groschen, der unter einen Schrank gerollt und dort vergessen worden ist«. Deshalb nahm er im Herbst seine letzten Ersparnisse und fuhr nach Barcelona, um ein Orgelkonzert zu geben.

Und noch im selben Jahr lud ihn der schwedische Erzbischof nach Uppsala zu einer Vortragsreise ein. Das kam völlig unerwartet. Albert Schweitzer und seine Frau freuten sich sehr, denn nun war der Bann gebrochen. Albert Schweitzer kam endlich wieder heraus aus Straßburg, hinaus in die Welt.

Er gab in Schweden Orgelkonzerte und hielt Vorträge. Und in Schweden konnte er auch endlich einmal richtig ausspannen, zusammen mit seiner Frau und seiner Tochter.

Nach und nach merkte Albert Schweitzer, daß er noch etwas galt in der Welt, als Gelehrter und als Musiker. Ja, er war jetzt sogar bekannter und wurde mehr bewundert als vor sieben Jahren, damals, als er in den Urwald verschwunden war.

Erzbischof Söderblom bestärkte ihn in einer Idee, die er kaum auszusprechen gewagt hatte: Er sollte nach Afrika, nach Lambarene zurückkehren, wenn er die hohen Schulden bei der Pariser Missionsgesellschaft und seinen Freunden abgezahlt hatte.

Natürlich verdiente Albert Schweitzer als Assistenzarzt und Vikar nicht genug dafür, aber immerhin war er der größte lebende Kenner und Interpret der Werke von Johann Sebastian Bach; und er war ein hochgeachteter, wenn auch revolutionärer Theologe und Philosoph. Seine Zuhörer strömten in Scharen in seine Hörsäle und vor seine Orgel. Damit

Albert Schweitzer an der Orgel

mußte sich doch genug Geld verdienen lassen, um die Schulden zu begleichen und neue Ausrüstung zu kaufen für Lambarene.

Im Frühjahr 1921 gab Albert Schweitzer seine beiden Stellungen in Straßburg auf und lebte nur noch von seinen Büchern, Vorträgen und von seiner Musik. Er reiste in die Schweiz, nach England und Dänemark und hielt Vorlesungen an der Prager Universität. Dazwischen wohnte er bei seinem Vater in Günsbach und arbeitete an seinen Büchern.

Im Schwarzwald baute Albert Schweitzer ein Haus für seine Frau und seine Tochter Rhena, denn noch eine Reise in die Tropen hätte Helene Schweitzers Gesundheit im Moment zu sehr geschadet. Sie blieb mit der Tochter zusammen in Deutschland.

Mit der für ihn typischen Geschwindigkeit brachte er einen Kurs in Geburtshilfe, einen anderen in Zahnheilkunde und noch einen in Tropenmedizin hinter sich.

Und nachdem er, sozusagen auf den gepackten Koffern sitzend, schnell noch eines seiner Bücher vor dem Druck durchgesehen und ein anderes diktiert hatte, machte er sich zum zweitenmal auf den Weg nach Bordeaux, um mit dem kleinen Kongodampfer nach Afrika zu fahren.

DAS SIEBENTE KAPITEL

in dem wieder vom Urwald erzählt wird
und warum Arbeit sein kann wie Musik, warum
eine Frau sich benehmen sollte wie ein Schäferhund
und warum man als Organist
gut zu Fuß sein muß

Albert Schweitzer sah Bordeaux wieder, er sah die afrikanische Küste wieder und Kap Lopez an der breiten Mündung des Ogowe. Und dann sah er Lambarene liegen, die Missionsstation auf den drei Hügeln. Am Ufer stand sein Spital, verlassen seit sieben Jahren.

Aber war das denn noch sein Spital? Diese verfallenen, verfaulten Hütten mit den löchrigen Dächern und den schiefen Wänden? Der Urwald hatte ganze Arbeit geleistet. Und der Doktor wußte weder, wo er sein Gepäck unterstellen sollte vor dem Nachmittagsgewitter, noch wo er selber schlafen sollte.

Aber er wäre eben nicht Albert Schweitzer gewesen, wenn er sich diesen Trümmerhaufen lange angesehen hätte. Drei Stunden später saß er in einem Kanu und fuhr zum nächsten Eingeborenendorf. Dort wußte man schon von seiner Ankunft, und die Kranken machten sich reisefertig, um in sein Spital zu kommen.

Der Doktor drohte ihnen, er würde niemanden behandeln, wenn sein Krankenhaus nicht wiederaufgebaut würde. Aber daß er das tun würde, daran glaubte er ja selber nicht, und die Schwarzen wußten das. Immerhin – mit fünfundsechzig Dachziegeln aus Palmblättern machte er sich auf den Rückweg.

In den folgenden Tagen war es wieder das alte Lied: Bauarbeiter für das Spital waren nirgends aufzutreiben. Sie verdienten im Holzhandel so viel, wie der Doktor ihnen niemals zahlen konnte. Und wie damals vor

elf Jahren stellte ein Holzhändler ihm eine Arbeiterkolonne zur Verfügung, für die allernötigsten Arbeiten wenigstens.

Aber das meiste mußte der Doktor doch wieder selber erledigen. Dazu kam, daß am Ogowe gerade eine Epidemie tobte, die Leute litten schrecklich unter Durchfall. Und Albert Schweitzer hatte weder genug Hütten, um alle Kranken unterzubringen, noch konnte er die Durchfallpatienten so weit von

Am Ogowe toben neue Epidemien.

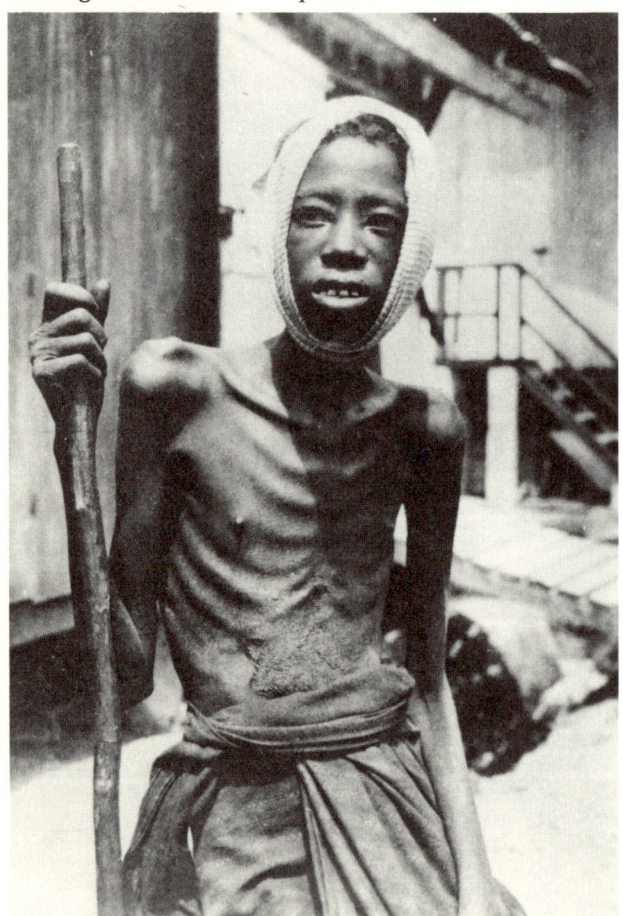

den anderen abtrennen, daß sie sich nicht immer wieder gegenseitig ansteckten.

Es mußte, der Doktor traute es sich kaum zu sagen, es mußte ein neues Spital her. Er brauchte nicht nur Platz für fünfzig Kranke, er brauchte Platz für zweihundert Patienten mit ihren Angehörigen.

Ein Grundstück hatte er sich schon ausgesucht, groß und bequem und nicht so stickig heiß wie der alte Platz. Die Bäume dort waren noch nicht allzu groß, jemand hatte es vor Jahren schon einmal gerodet. Das Grundstück lag drei Kilometer flußaufwärts von Lambarene.

An den Bau eines neuen Spitals war aber gar nicht zu denken. Albert Schweitzer brach ohnehin unter der Arbeit fast zusammen. Er behandelte seine Patienten nicht mehr so sorgfältig, wie es hätte sein sollen – aber es kamen einfach zu viele Tag für Tag. Und zum Schreiben kam er abends gar nicht mehr, nur über Mittag spielte er auf seinem Klavier mit dem Orgelpedal. Er mußte die Finger geschmeidig halten, in Europa wollte er ja später wieder Geld verdienen mit seinen Konzerten.

Er war müde geworden wie lange nicht. Man merkte ihm die harte Arbeit in dem feuchtheißen Klima an, wenn er, im weißen Hemd, mit Hosenträgern und Tropenhelm, geschäftig durch das Spital lief. Gerade zu dieser Zeit kam auch noch die Nachricht vom Tod des Vaters.

Aber es kam auch Mathilde Kottmann aus

dem Elsaß, die erste Krankenschwester für Lambarene. Und dann tutete Mitte Oktober der Flußdampfer, er brachte einen jungen Arzt in den Urwald, Dr. Nessmann aus Straßburg.

Schon nach wenigen Tagen ging Albert Schweitzer daran, den Bauplatz zu roden für sein größeres Spital. Er nahm dazu arbeitsfähige Männer aus Lambarene mit den Fluß hinauf. Bald war er geradezu gefürchtet: wer

Immer mehr Kranke kommen nach Lambarene.

ihn morgens durch das Spital gehen sah auf der Suche nach neuen Arbeitern, der begab sich eilends zum Fischen oder mußte andere wichtige Dinge erledigen.

»Der Doktor ist böse geworden«, erzählten die Leute über ihn, »er zwingt uns zur Arbeit.« Albert Schweitzer erzählte selber darüber:

»Ein Tag da oben verläuft wie eine Symphonie. *Lento:* Verdrossen empfangen die Leute Äxte und Buschmesser, die ich ihnen beim Landen austeile. Im Schneckentempo geht es an die Stelle, wo Gebüsch und Bäume niedergelegt werden sollen. Endlich steht jeder an seinem Platze... *Moderato:* Äxte und Buschmesser laufen in überaus mäßigem Takte. Vergebens versucht der Dirigent, das Tempo zu beschleunigen. Die Mittagspause macht dem langweiligen Stück ein Ende. – *Adagio:* Mit Mühe habe ich die Leute wieder auf die Arbeitsstelle im dumpfen Urwald gebracht. Kein Lüftchen regt sich. Von Zeit zu Zeit hört man einen Axtstreich. – *Scherzo:* Einige Späße, zu denen ich mich in der Verzweiflung aufraffe, gelingen mir. Die Stimmung hebt sich. Lustige Worte fliegen hin und her. Einige Leute fangen an zu singen... *Finale:* Die Lustigkeit hat alle erfaßt. Dem bösen Wald, um dessentwillen sie hier stehen müssen, statt ruhig im Spitale sitzen zu dürfen, soll es übel ergehen. Wilde Verwünschungen werden gegen ihn laut. Johlend und kreischend geht man ihm zu Leibe. Äxte und Buschmesser hämmern um die Wette... Wenn dieses Finale nur eine gute halbe

die Leiter weg und sagte freundlich: »Hier kommt keiner herunter, bevor das Dach nicht fertig ist.« Und die Männer oben nahmen ihm das nicht etwa übel.

Aus Kanada kam eine treue Freundin, Miß Russel, die der Doktor sofort für die Bauarbeiten einsetzte. Am Ufer sollte sie mit den Eingeborenen einen Damm bauen.

Sie war ganz verdattert und fragte: »Aber Doktor Schweitzer, wie soll ich denn die Leute zum Arbeiten bringen?« Und Albert Schweitzer sagte zu ihr: »Wissen Sie, denken Sie sich einfach, Sie seien ein Schäferhund. Und dann verhalten Sie sich auch so.«

Das klappte ausgezeichnet – für Miß Russel arbeiteten die Leute sogar besser als für den Doktor selber.

Im Januar 1927, nach fünfzehn mühevollen Monaten, war das Spital fertig und ebenso der »Garten Eden«, wie Albert Schweitzer ihn genannt hatte. Es war eine Pflanzung um das Spital herum mit Bananenstauden und Ölpalmen, Orangen-, Zitronen- und Brotfruchtbäumen, Kaffee- und Kakaopflanzen, Gemüse und Getreide, mehr als das Spital selber brauchte. Endlich war auch das Versorgungsproblem gelöst, jeder im neuen Spital hatte genug zu essen, jeden Tag in der Woche.

Als Albert Schweitzer am ersten Abend nach dem Umzug durch das neue Spital ging, riefen ihm die Leute überall aus dem Dunkel zu: »Das ist eine gute Hütte, Doktor, das ist eine gute Hütte!«

Stunde anhält, war der Tag nicht verloren . . .«

Es dauerte drei Monate, bis der Bauplatz von Baumstümpfen und Buschwerk geräumt war. Dann rammte Albert Schweitzer die Pfähle in den Boden, auf denen die Häuser diesmal, der Ameisen wegen, errichtet werden sollten. Die Hütten mußten dichte Böden aus Holz haben zum Schutz gegen Schlangen und feste Dächer zum Schutz gegen Leoparden.

Beim Dachdecken ging die Arbeit am schnellsten voran: Als die Arbeiter oben auf dem Dach standen, nahm der Doktor unten

KAKAO

BOHNE

FRUCHT

BLÜTE

Ärzte und Krankenschwestern, und er selbst konnte beruhigt nach Europa fahren, um Geld zu sammeln für das Krankenhaus mitten im Urwald.

Zwei Jahre hatte Albert Schweitzer in Afrika bleiben wollen, drei Jahre war er geblieben. Inzwischen war seine kleine Tochter acht Jahre alt, aber auch jetzt lernte sie kaum den Vater kennen.
Albert Schweitzer konnte nicht lange zu Hause im Schwarzwald bleiben, er arbeitete in Straßburg wieder an einem Buch, und von überallher wurde er zu Vorträgen und Konzerten gebeten. Und zu seinen Freunden und Bekannten in Paris und im Elsaß mußte er Verbindung halten, damit ihm die Spenden für Lambarene nicht ausblieben.
Er fuhr nach Schweden, Dänemark und Holland, hielt Vorträge und gab Orgelkonzerte. Allein die Vorbereitung für so ein Konzert dauerte bald einen Tag. Keine Orgel klang wie die andere, für jedes Stück probierte er genauestens aus, welche Register zu ziehen waren und welche nicht: Und das hörte er sich unten im Kirchenschiff an, wo am Abend die Zuhörer sitzen würden. Albert Schweitzer rannte die Treppen von der Orgelempore hinunter und wieder hinauf und ließ sich vorspielen, während er unten den Klang prüfte.

Und zum erstenmal, seit er 1913 nach Lambarene gekommen war, war Albert Schweitzer mit sich zufrieden. Lambarene hatte

Im August wurde Albert Schweitzer nach Frankfurt gerufen, er bekam den Goethepreis verliehen für sein Leben und Werk. Albert

Schweitzer hatte immer wieder beklagt, daß die Philosophen sich zu den höchsten Höhen, zu den kompliziertesten Gedankengebäuden verstiegen hatten. Aber wie der Mensch mit sich, seinen Mitmenschen und seinem Leben fertig werden sollte, das sagten ihm die Philosophen nicht. Aber Goethe hatte danach gefragt, und Albert Schweitzer fragte danach, und mit seinem Leben gab er die Antwort darauf.

Der Preis brachte ihm 20 000 Mark ein, damit konnte er in seiner Heimat, in Günsbach,

Das Haus des Doktors in Günsbach

ein Haus bauen, denn er wollte in enger Verbindung bleiben mit der elsässischen Kirche, von der er so viel Geld und Hilfe bekam.

Neben den Konzerten und Vorträgen schrieb er im nächsten Jahr an seinem Buch über den Apostel Paulus weiter, er wollte es vor dem nächsten Afrikaaufenthalt fertigstellen.

An den letzten Kapiteln arbeitete er noch auf dem Kongodampfer, der ihn und diesmal auch wieder seine Frau zurücktrug nach Lambarene.

DAS ACHTE KAPITEL

in dem erzählt wird, warum ein Krankenhaus
nie groß genug sein kann, warum man
nicht von jedem Menschen Geld annimmt,
warum auch Tiere ins Krankenhaus dürfen
und wie ein Krieg beendet wurde

Wieder schaufelte sich der kleine Dampfer den Ogowe hinauf, an der Mission vorbei zum Spital. Als Albert Schweitzer mit seiner Frau in das Kanu umstieg, freute er sich, ihr alles zeigen zu können.

»Dort hinten«, sagte er, »das ist unser Spital. Dort sind die Operationssäle und die Apotheke, da drüben stehen die Krankenbarakken, und dort hinten steht das feste Haus für die Geisteskranken. Siehst du, alle Dächer sind aus Wellblech, das hat viel Geld gekostet.« Am Ufer standen die Ärzte und Krankenschwestern; diesmal war das Spital versorgt gewesen, während er in Europa gearbeitet hatte.

Und auch ein Kirchturm war dazugekommen, mit einer Glocke aus dem Elsaß. Die Eingeborenen nannten sie »die Stimme Gottes«, ganz im Gegensatz zur »Stimme des Doktors«: das war der Gong, der sie zur Arbeit rief.

Schon wieder war das Spital zu klein geworden, aus immer ferneren Gegenden wurden immer mehr Kranke gebracht. Und wenn es dunkel wurde über dem Spital, dann brannte unten am Fluß eine Lampe, die jedem anzeigte, daß er hier Hilfe bekommen konnte, ob es nun Tag war oder Nacht. Und wieder gab es zu tun von morgens bis abends, Brüche waren zu operieren, stinkende Geschwüre zu öffnen, Verbände zu wechseln; Schlafkrankheit, Durchfall, Vergiftungen, Krätze. Dieses Land fraß wirklich seine Kinder.

Bei aller Fürsorge für die Kranken tat der Doktor eines nicht: er amputierte nicht, er schnitt keine Gliedmaßen ab. Denn das, er wußte es genau, das hätte ihn bei den Eingeborenen das Vertrauen gekostet.

Es gab noch genug Kranke, die nicht zu ihm kamen. Deshalb verwirklichte Albert Schweitzer einen alten Traum: Er schickte Ärzte aus dem Spital in die Dörfer stromauf und stromab, sie sollten zu den Kranken gehen, die nicht ins Spital kommen konnten.

Mitten in diese Arbeit hinein platzte eine Nachricht aus Europa: die Stadt Frankfurt bat Albert Schweitzer, die Festrede zu Goethes 100. Todestag zu halten! Goethe und Frankfurt, war das nicht weit weg, in einer anderen Welt? Und gab es nicht viele Wissenschaftler, die einen solchen Vortrag viel eher halten konnten?

Aber so weit entfernt war dieses Deutschland doch gar nicht. Auch dort gab es Not und Hunger und vor allem Arbeitslosigkeit. Auch dort warteten Menschen auf Hilfe, auf jemanden, der ihnen sagte, woran sie sich halten sollten in dieser schweren Zeit.

Also setzte sich Albert Schweitzer Nacht für Nacht an seinen Schreibtisch und arbeitete die Rede aus, während die großen Nachtfalter an den Fensterläden herumstrampelten und eine leichte Abendbrise vom Fluß heraufzog.

Im März 1932 war Albert Schweitzer also wieder in Deutschland und hielt im Frankfurter Opernhaus seine Festrede.

Und er fuhr wieder nach Günsbach, hielt wieder Vorträge und gab Konzerte und sammelte Geld, in Deutschland, in Holland und England.

Besonders freute es ihn, nach Schottland zu fahren. Schon mit seiner Mutter hatte er einmal dorthin fahren wollen, weil er die Romane von Walter Scott so gern gelesen hatte, viel lieber als Schularbeiten zu machen.

Jetzt verlieh ihm die Universität Edinburgh den Ehrendoktor; es war für ihn einer von vielen.

Wenn sich Albert Schweitzer in Günsbach aufhielt, fanden sich immer wieder viele Besucher ein, und er nahm sich die Zeit, mit ihnen durchs Dorf zu gehen und dabei aus seiner Kindheit zu erzählen.

Eines Tages kam ein Bauer im Sonntagsanzug zu ihm und bat um Geld für eine neue Kirche. »Ach, Herr Doktor«, sagte er und wischte sich den Schweiß von der Stirn, »das Geldsammeln ist vielleicht eine schwere Arbeit.«

Albert Schweitzer bat ihn herein, lud ihn zum Essen ein und machte ihm Mut für seinen Bittgang. Und er erzählte ihm, wie unermüdlich er selber für sein Spital im Urwald habe sammeln müssen bis zum heutigen Tag, niemals dürfe man dabei aufgeben.

Der Bauer wurde immer stiller und stiller. Und zuletzt sagte er ganz ungläubig: »Sie sind doch nicht etwa *dieser* Doktor Schweitzer aus Afrika? Ja, aber von Ihnen kann ich doch unmöglich Geld nehmen.«

In den folgenden Jahren pendelte Albert Schweitzer häufig zwischen Europa und Afrika hin und her. Ein Jahr in Europa, neun Monate in Afrika, wieder ein Jahr in Europa, ein halbes in Lambarene, ein halbes in Europa, zwei Jahre in Lambarene.

Immer wenn er in Europa war, spürte Albert Schweitzer die Kriegsgefahr drohender. Sein letzter Aufenthalt dauerte nur vierzehn Tage; Albert Schweitzer regelte nur noch die wichtigsten Angelegenheiten in Straßburg und

Günsbach, dann saß er schon wieder auf dem Dampfer zum Kongo.

Während in Europa der schwerste Krieg tobte, den die Menschen jemals erlebt hatten, während gebombt und geschossen und gestorben wurde, blieb Albert Schweitzer von 1939 an neuneinhalb Jahre ununterbrochen in Afrika. Für viereinhalb Jahre verließ er nicht einmal das Spital.

Und über allem, was er schrieb, über allem, was er sagte, stand sein Wort von der Ehrfurcht vor dem Leben. Achtzehn Stunden am Tag arbeitete er, achtzehn Stunden am Tag lebte er den Menschen vor, daß man nicht mutwillig tötet, quält, stiehlt oder Rache nimmt.

Er zeigte den Menschen, daß man auch keine Tiere quält, ja nicht einmal ein Grasbüschel ausreißt, wenn es nicht notwendig ist. Zuerst waren es wenige, dann immer mehr, die sich daran ein Beispiel nahmen, wenn er einen Regenwurm vom Pflaster aufhob und ins Gras setzte oder wenn er beim Hausbau

in jedes Loch sah, bevor ein Pfahl hineingeschlagen wurde, es hätte ja eine Kröte hineingefallen sein können. Sogar Bäume, die im Garten hinderlich waren, ließ er nicht umhacken, sondern verpflanzte sie.

Bald wurden ihm deshalb auch kranke Tiere ins Spital gebracht, nach kurzer Zeit hatte der Doktor einen richtigen Zoo beisammen: zuerst kam eine Zwergantilope, dann ein Affe nach dem anderen, es kamen ein weißer

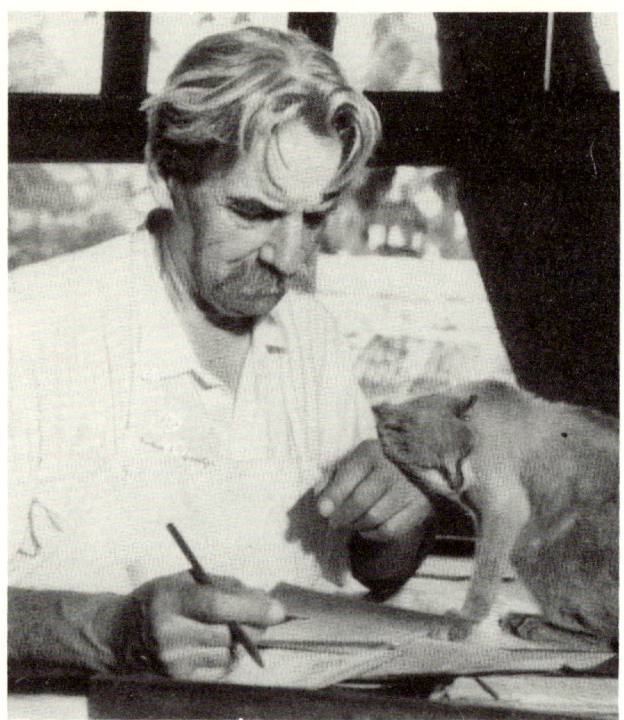
Der Tierfreund Albert Schweitzer

Pelikan, Ziegen und ein Storch, ein Stachelschwein, Gorillas, Schimpansen und sogar ein Wildschwein.

Albert Schweitzer war bald siebzig Jahre alt. Morgens um sechs Uhr stand er auf, warf die Motoren für den elektrischen Strom an, kaufte Bananen, Mais und Maniok für die Kranken und sah auf den Plantagen nach dem Rechten. Und bis auf die schwersten Bauarbeiten, für die es Jüngere gab, machte er alles. Erst um Mitternacht fiel er erschöpft ins Bett.

Bald hatte der Krieg in Europa auch Folgen für Lambarene. In der französischen Kolonie kämpften Franzosen gegen Franzosen, hier war Bruderkrieg.

Der Doktor kaufte vorsorglich soviel Reis als Notration für das Spital auf, wie er bekommen konnte. Sein Geld wurde immer knapper, und er mußte viele Arbeiter von den Feldern und aus dem Spital nach Hause schicken.

Auch Kranke mußten wieder umkehren, wenn er ihnen nicht sofort helfen konnte.

Nachschub aus Europa blieb aus. Der alte Kongodampfer »Brazza«, mit dem Albert Schweitzer so oft zwischen Frankreich und Afrika hin- und hergefahren war, bekam einen Torpedotreffer und sank. Den Nachschub an Medikamenten und medizinischen Geräten für Lambarene nahm er mit in die Tiefe.

Ende 1940 kämpften die verfeindeten französischen Truppen ganz in der Nähe des Spitals. Der Doktor ließ Erdwälle aufschichten und Wellblechplatten um die Hütten stellen zum Schutz gegen verirrte Kugeln. Aber nichts passierte, das Spital wurde verschont; kein Pilot warf eine Bombe auf Lambarene, kein Kanonier schoß eine Granate hinein.

Nach einer langen, umständlichen Reise kam Helene Schweitzer wieder nach Lambarene. Auch sie arbeitete ununterbrochen wie alle anderen.

»Manchmal«, schrieb sie in einem Brief an eine Freundin, »manchmal schleppen wir unsere Füße, als ob sie aus Blei wären. Aber wir gehen weiter.«

Endlich schickte ein amerikanisches Krankenhaus Medikamente, Verbandszeug und Gerät den Ogowe herauf. Es war Hilfe in höchster Not, denn die Regale in der Spitalsapotheke waren leer.

Jetzt kamen auch viele Europäer ins Spital, die den langen, unfreiwilligen Aufenthalt in den Tropen nicht vertrugen, sie waren blutarm, hatten Magengeschwüre und Malaria. Die Europäer drangen in Albert Schweitzer, er müsse doch endlich einmal Urlaub nehmen, eine solche Anstrengung in diesem Klima sei ja gar nicht auszuhalten. Es war vergebens, Albert Schweitzer blieb.

Am 14. Januar 1945 kam der siebzigste Geburtstag des Doktors, aber es wäre nicht Albert Schweitzer gewesen, wenn er diesen Tag etwa groß gefeiert hätte; er verbrachte ihn wie jeden anderen auch.
Neben den vielen Glückwünschen kam ein Telegramm vom englischen Rundfunk. Darin stand, daß am Abend eine Feierstunde ihm zu Ehren ausgestrahlt würde.
Alle Mitglieder des Spitals standen um Albert Schweitzer, seine Frau und den kleinen Radioapparat herum, als es Abend wurde und vom Fluß herauf die erwartete Brise kam.
Das Lämpchen leuchtete auf im Radioapparat, und plötzlich kam aus dem Lautsprecher klar und deutlich die Stimme des englischen Sprechers.
Jedem Rundfunkhörer erzählte er die Lebensgeschichte Albert Schweitzers, und dann

Auch Tiere zählen zu den Patienten.

hörte man Orgelmusik aus dem Radio, es war eine von Albert Schweitzers Schallplatten; und der Sprecher sagte ins Mikrophon, so daß man es um die ganze Welt hören konnte: »Doktor Schweitzer hört in diesem Augenblick in Lambarene zu.«

Vier Monate später kam einer der weißen Patienten vor das Fenster des Doktors gerannt; es war gerade nach dem Mittagessen, und Albert Schweitzer saß am Klavier.
Aufgeregt rief der junge Mann durch das Fenster: »In Europa ist Waffenstillstand! Eben haben sie es im Radio durchgegeben.«

Aber damit war der Zweite Weltkrieg noch nicht beendet, den Schlußstrich zogen erst zwei grelle Lichtblitze über den japanischen Städten Hiroshima und Nagasaki. Auf dieses Licht, viel heller als die Sonne, folgte eine so glühendheiße, alles zerschlagende Druckwelle, daß beide Städte in Sekunden einfach plattgewalzt waren. In den Straßen und unter den Häusern lagen Abertausende von verbrannten, von erschlagenen Menschen.

Das Zeitalter der Atombombe hatte begonnen.

DAS LETZTE KAPITEL

in dem erzählt wird, wie nachts im Urwald Klavier gespielt
wurde, wie Goethe beim Hausbau geholfen hat,
warum das Briefeschreiben eine so schwere Arbeit ist
und wie es weitergegangen ist mit dem
Krankenhaus mitten im Urwald

In Lambarene ging das Leben weiter. Zum Operieren reichte das Augenlicht Albert Schweitzers nicht mehr aus, aber er leitete den Barackenbau, denn das Spital wuchs von Jahr zu Jahr; und er trug selber noch die Wellblechplatten für das Dach heran. Auch die beiden Dieselmotoren reparierte er – so gut wie kein anderer. Er ließ Bäume verpflanzen, schrieb Bestellungen für Medikamente und Listen für die Apotheke. Und natürlich behandelte er auch Kranke.

Abends saßen die Kranken mit ihren Familien um die kleinen Kochstellen und besprachen ausführlich, was sich am Tag Wichtiges und Unwichtiges ereignet hatte. Sie rührten in dem kleinen Eisenkessel ihren Maniokbrei,

und durch das Spital zog mit dem Qualm der Holzfeuer süßlich der Geruch von gebratenen Bananen. Ganz friedlich endete der Tag für alle, die keine Schmerzen hatten. Nur die Kinder wollten noch nicht schlafen, sie rannten lachend zwischen den Baracken hin und her, spielten mit Affen und Hunden oder sahen den Ärzten und Krankenschwestern beim Essen zu. Und plötzlich, wie es am Äquator üblich ist, brach die Dunkelheit herein. Schrill kreischte es herüber aus der schwarzen Mauer des Urwalds, dann krachten morsche Äste. War es ein Leopard gewesen oder nur ein paar streitende Affen?

Und wenn die Familien sich abends auf ihre Strohsäcke legten, dann saß Albert Schweit-

zer in seinem Arbeitszimmer am Schreibtisch. Es war ein kleiner Raum, außer dem Schreibtisch standen nur noch ein Bett, Waschtisch und zwei Stühle darin. Nebenan war ein ebenso kleiner Raum mit seinem Klavier, auf dem er nachts noch spielte, wenn das Spital schon im Schlaf lag.

Ging er dann selber für einige Stunden ins Bett, schliefen draußen vor seiner Tür ein Wildschwein, drei Hunde und drei Katzen, zwei unzertrennliche Affen und ein Pelikan. Über diese Schildwache mußte die Nachtschwester hinwegsteigen, wenn mitten in der Nacht eine Mutter »nur beim alten Doktor« ihr Kind bekommen wollte.

Schon oft war Albert Schweitzer nach Amerika eingeladen worden, nie war er hingefahren, denn dieses laute, hektische Amerika war ihm nicht geheuer. Aber jetzt sollte er dort die Festrede zu Goethes 200. Geburtstag halten. Das bedeutete zwar monatelange Nachtarbeit, aber auch eine Menge Geld. Und er brauchte ja dringend eine neue Abteilung für die Leprakranken.

Im Juni 1949 kam er zusammen mit seiner Frau in New York an. Und schon bald stellte er fest, wieviel Freunde er in Amerika hatte, viel mehr als angenommen. Geduldig antwortete er den Reportern auf ihre Fragen, ließ sich fotografieren und wurde von einem Empfang zum nächsten geschleppt.

Die Amerikaner hatten sich diesen Doktor Schweitzer genauso vorgestellt, wie er war: groß und hager, mit sonnengegerbter Haut, in zerknitterten Hemden und Hosen, mit dem ungebändigten, angegrauten Haar und dem Seehundbart. Einfach und offen kam er auf jeden zu.

Erstaunt stellten die Amerikaner fest, daß dieser Mann, der so lange im tiefsten Urwald gelebt hatte, alle Ergebnisse der neuesten Forschung kannte, in der Medizin und in der Religionswissenschaft, in der Philosophie und in der Musik.

1950 war der Doktor wieder zu Hause in Lambarene, wie er es inzwischen nannte. Seine Frau hatte ihn trotz ihrer angeschlagenen Gesundheit begleitet. Und so, wie er mit Goethes Hilfe damals sein Haus in Günsbach gebaut hatte, so baute er jetzt mit Goethes Hilfe die neue Leprastation. Auch neue Medikamente gegen Lepra hatte er aus Amerika mitgebracht.

Ein Jahr später war Albert Schweitzer wieder in Günsbach. Sein Haus war die Zentrale für alle Hilfssendungen nach Lambarene, dort gab es fast noch mehr zu tun als im Spital. Und ständig kamen Menschen aus aller Welt, um ihn zu besuchen, Musiker und Schriftsteller, Politiker und Philosophen, Arme und Reiche.

Für alle mußte er sich Zeit nehmen, auch für die, die ihn nur einmal leibhaftig ansehen wollten, diesen »Heiligen ohne Heiligenschein«.

Nicht über alle hat er so gelacht wie über den Jungen, der ein Autogramm von ihm haben wollte und dann sagte: »So, jetzt habe ich drei Albert Schweitzer, dafür kriege ich einen Max Schmeling.«

Eine Ehrung folgte der anderen, und jede machte ihm zusätzliche Arbeit. Er mußte Reden ausarbeiten und herumreisen; und so nach und nach erkannten ihn die Leute, wenn er mit seinen beiden Reisetaschen in der Hand aus dem Zug stieg, regelmäßig aus der dritten Klasse, weil es eine vierte nicht gab. Man zeigte auf ihn, wenn er in seinem alten, abgetragenen Anzug über den Bahnsteig kam, mit dem verbeulten Hut auf dem Kopf, mager und abgearbeitet, hier eine Medaille entgegennahm, dort einen Preis, da einen Ehrendoktor.

Den Friedenspreis des Deutschen Buchhandels nahm er zwar an, nicht aber das Geld; so wie er überhaupt kein Geld aus Deutsch-

Der alte Doktor auf Reisen

Von seiner größten Auszeichnung erfuhr Albert Schweitzer beim zehnten Aufenthalt in Lambarene, es war im Oktober 1953. Er saß gerade an seinem Schreibtisch, als sein Neffe ins Zimmer geschossen kam und rief: »Herzlichen Glückwunsch!«

»Hat meine schwarze Katze ihre Jungen bekommen? Das freut mich aber«, sagte der Doktor.

»Ach was«, sagte sein Neffe, der im Spital als Arzt arbeitete, »gerade kam im Radio die Nachricht: du hast den Friedensnobelpreis bekommen!«

Albert Schweitzer schüttelte nur den Kopf, er glaubte es nicht. Was sollte er denn schon getan haben für die Verständigung der Völker, daß man ihm diese höchste Auszeichnung gab? Nein, er glaubte es einfach nicht.

Am nächsten Tag mußte er es glauben. Als nämlich in dem kleinen Telegrafenbüro in Lambarene der Maschinentelegraf anfing zu ticken und überhaupt nicht wieder aufhörte. Denn es gab kaum ein Land auf der Erde, aus dem keine Glückwünsche kamen. Schon nach kurzer Zeit türmten sich die Telegramme zu Stapeln auf.

Mit dem vielen Geld, das mit der großen Ehrung verbunden war, baute Albert Schweitzer Lambarene weiter aus. Endlich hatte er einmal genug Geld für die Leprakranken. Er konnte es kaum fassen.

Den Ehrungen folgten die Journalisten. Sie kamen in ganzen Heerscharen nach Lambarene, und alle mußte der Doktor im Spital unterbringen und verpflegen. Die Journali-

land annahm, solange dort noch das Elend der Menschen andauerte, die aus Schlesien, Pommern und Ostpreußen, aus ihrer Heimat, nach Westdeutschland vertrieben worden waren.

sten schrieben Artikel, machten Fotos und drehten Filme, immer wieder mußte Albert Schweitzer den Besuchern Rede und Antwort stehen.

Und es kamen Briefe nach Lambarene. Albert Schweitzer hatte immer viele Briefe bekommen, aber eine solche Lawine von Briefen zu lesen, geschweige denn zu beantworten, das war einfach nicht möglich.

»Alle Dinge«, sagte er einmal, »betrachte ich nur noch daraufhin, ob sie nicht Anlaß für neue Briefe sind.« Deshalb mußte zum Beispiel verheimlicht werden, wenn er sich krank fühlte, damit nur ja keine Briefe kämen mit der Frage, ob es ihm schon wieder besser ginge.

Seine Freunde ließ er am längsten auf Antwort warten, denn die, das wußte er, verstanden seine Not am besten.

Kaum einer in Europa konnte sich vorstellen, was aus dem kleinen Urwaldhospital in all den Jahren geworden war. Vierzig Häuser standen inzwischen in Lambarene, die Geisteskranken und die Patienten mit den ansteckenden Krankheiten wohnten etwas abseits. Mehrere Röntgengeräte waren vorhanden und andere komplizierte medizinische Apparate, das Spital versorgte sich selber mit Strom und hatte ein komplettes Labor, denn alle Untersuchungen mußten die Ärzte und Krankenschwestern selber machen. In mehreren Operationssälen konnte gleichzeitig operiert werden, und in der Apotheke fanden sich die neuesten Medikamente.

Lambarene war nicht nur ein vollwertiges, Lambarene war ein besonders gut ausgerüstetes Krankenhaus.

Im nächsten Jahr gab Albert Schweitzer sein letztes öffentliches Konzert. Er spielte auf der Orgel der Thomaskirche in Straßburg, und natürlich spielte er Musik von Johann Sebastian Bach.

Ja, Albert Schweitzer pendelte mit seinen achtzig Jahren immer noch hin und her zwischen Afrika und Europa; er fuhr nach England, Frankreich, in die Schweiz und nach Deutschland.

Und noch etwas tat er: Seit dem Kriegsende hatte er alles über Atomphysik gelesen, was er nur bekommen konnte. Denn die beiden Atombomben über Hiroshima und Nagasaki hatten ihm keine Ruhe mehr gelassen. Noch viel weniger die ständigen Atombombenver-

suche der Amerikaner und später auch der Russen.

Lange hatte er geschwiegen, denn es war nicht seine Art, sich öffentlich einzumischen. Aber am 23. April 1957 strahlte der schwedische Rundfunk eine Rede aus, in der Albert Schweitzer die Menschen aufrief gegen diese Atomwaffenversuche. In einfachen, klaren Worten schilderte er die Gefahren der radioaktiven Strahlen für alle Lebewesen. Er sagte den Menschen, was die Atomwaffenversuche für Folgen hätten, und er hoffte, die Menschen würden nachdenken über das, was er sagte.

Denken verändert die Welt, und nicht allein zum Schlechten, sondern auch zum Guten – Albert Schweitzer glaubte fest daran.

Durch die Öffentlichkeit ging es wie ein Ruck. Viele Menschen waren dankbar für diese Rede; schließlich war Albert Schweitzer einer der angesehensten Männer der Welt.

Wenn er so etwas sagte, dann hatte das Gewicht.

Andere aber, und das war die Überzahl, sahen das gar nicht so. War es nicht unerhört? Hatte man ihm nicht den Nobelpreis gegeben? Hatte man diesen Mann nicht das »gute Weltgewissen« genannt? Und zum Dank dafür versuchte er den Menschen ein schlechtes Gewissen einzureden. Der alte Mann sollte lieber in seinen Urwald zurückgehen und seine Neger heilen. Dort gehörte er hin, dort sollte er auch bleiben.

Und Albert Schweitzer war bereits wieder in Lambarene, er tat seine Arbeit wie seit Jahrzehnten.

Einen Monat später mußte Helene Schweitzer abreisen. Sie hatte niemals das Tropenklima so vertragen wie ihr Mann, trotzdem hatte sie ihn immer wieder an den Ogowe begleitet.

Kaum in Europa angekommen, starb sie bei ihren Enkelkindern in Zürich. Sie war achtundsiebzig Jahre alt geworden. Ein Jahr später setzte Albert Schweitzer ein weißes Steinkreuz auf ihr Grab.

Dreimal noch sprach er über Radio Oslo, dreimal mahnte und warnte er noch die Menschen vor den Gefahren der Atomkraft.

Im Dezember 1959 verließ Albert Schweitzer auf dem Kongodampfer Europa. Er wußte nicht, daß es für immer war. Obwohl schon fünfundachtzig Jahre alt, arbeitete er unermüdlich von morgens bis abends, alle Tage. Und wenn es ihm auch nicht möglich war, so versuchte er doch die Flut von Briefen abzutragen, die ihn überschwemmte.

Am 18. April 1963 feierte Albert Schweitzer sein goldenes Afrika-Jubiläum; fünfzig Jahre vorher war er mit seiner Frau, seinen siebzig Kisten Gepäck und voller Zuversicht den Ogowe herauf in die kleine Missionsstation Lambarene gekommen.

Zwei Jahre später feierte er seinen 90. Geburtstag. Wie üblich kamen die Besucher aus aller Welt; Telegramme, Briefe und Glückwünsche brachte die Post sackweise. Und die Journalisten machten Fotos und fragten ihn zum tausendstenmal dasselbe.

Albert Schweitzer schrieb weiter Briefe, beendete ein Buch über Johann Sebastian Bach, beaufsichtigte die neuen Bauten für das Spital. Er fühlte sich für alles verantwortlich.

Am 27. August schrieb er seinen letzten Brief – einen Dankesbrief. Ob er sich daran erinnerte, daß die allerersten Briefe, die er mit verweinten Augen in der Studierstube seines Vaters hatte schreiben müssen, auch Dankesbriefe gewesen waren? »Gesundheitlich«, schrieb er in diesem Brief, »geht es mir gut.«

Am 4. September 1965 starb Albert Schweitzer.

Bevor der Doktor die längste seiner vielen Reisen antrat, hatte man ihm die 5. Symphonie von Beethoven vorgespielt.

Wer heute Lambarene besuchen will, der fährt schon lange nicht mehr auf einem kleinen Kongodampfer nach Afrika. Heutzutage steigt man in Frankfurt, Zürich oder Wien ins Flugzeug und ist ein paar Stunden später in Libreville angekommen. Libreville bedeutet »Stadt der Freien«, denn in der Mitte des vorigen Jahrhunderts durften eine Handvoll freigelassener Sklaven sich hier an der Mündung des Flusses Como ein paar Hütten bauen. Hundert Jahre später sollte daraus die Hauptstadt der afrikanischen Republik Gabun werden.

Jetzt ist es nicht mehr weit: Noch eine halbe Stunde in einem kleinen Flugzeug über den Urwald, dann steht man auf dem Flugplatz von Lambarene. Im Geländewagen geht es weiter über die holprige, rote Piste bis zum Krankenhaus.

Inzwischen ist wieder ein neues Krankenhaus entstanden. Zehn Jahre nach dem Tod des »großen Doktors«, wie er immer noch genannt wird, bauten freiwillige Helfer das dritte Krankenhaus am Ogowe. Es wurde größer und moderner als das vorige, und wie eh und je waren es Geldspenden, mit denen die »Internationale Stiftung für das Albert-Schweitzer-Spital in Lambarene« den Bau bezahlte. Auch die junge Republik Gabun beteiligte sich daran.

Heute leben etwa 200 Mitarbeiter im Krankenhaus, Ärzte, Techniker, Maurer, Tischler und Elektriker. Etwa zwanzig davon sind Weiße, die sich für 900 Mark im Monat verpflichtet haben, zwei Jahre lang in Afrika zu arbeiten. Die 180 anderen sind Schwarze, die als Ärzte, Krankenpfleger oder Handwerker ihren Dienst tun.

Das neue Krankenhaus hat 280 Betten und nimmt in jedem Jahr mehr als 3 000 Kranke auf. Und es werden mehr als 30 000 Sprechstunden abgehalten, nicht nur im Krankenhaus selber, sondern auch in den Dörfern

So sieht heute das Krankenhaus von Lambarene aus.

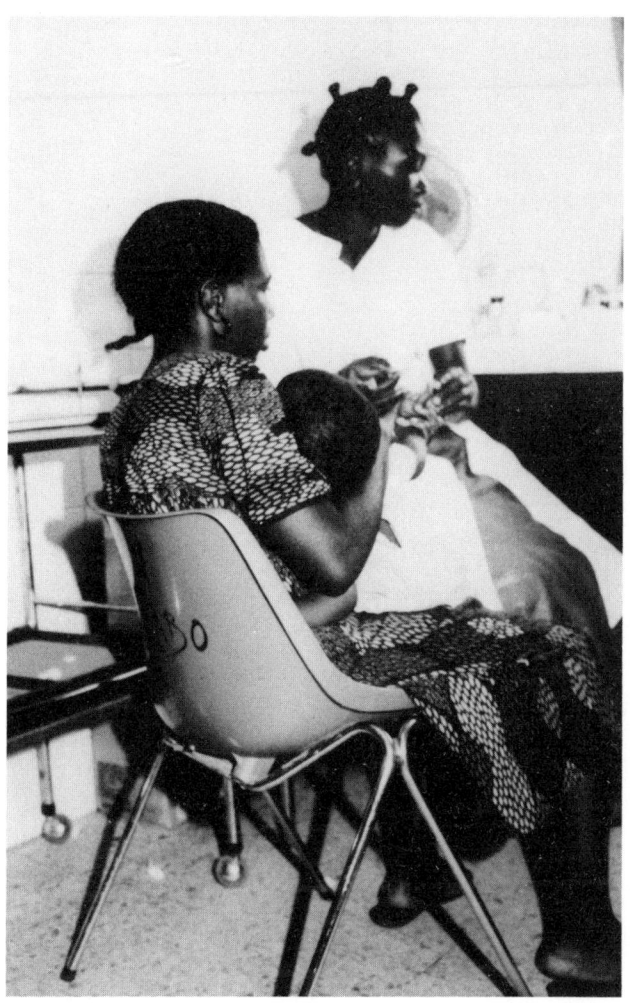

Im Labor des Krankenhauses

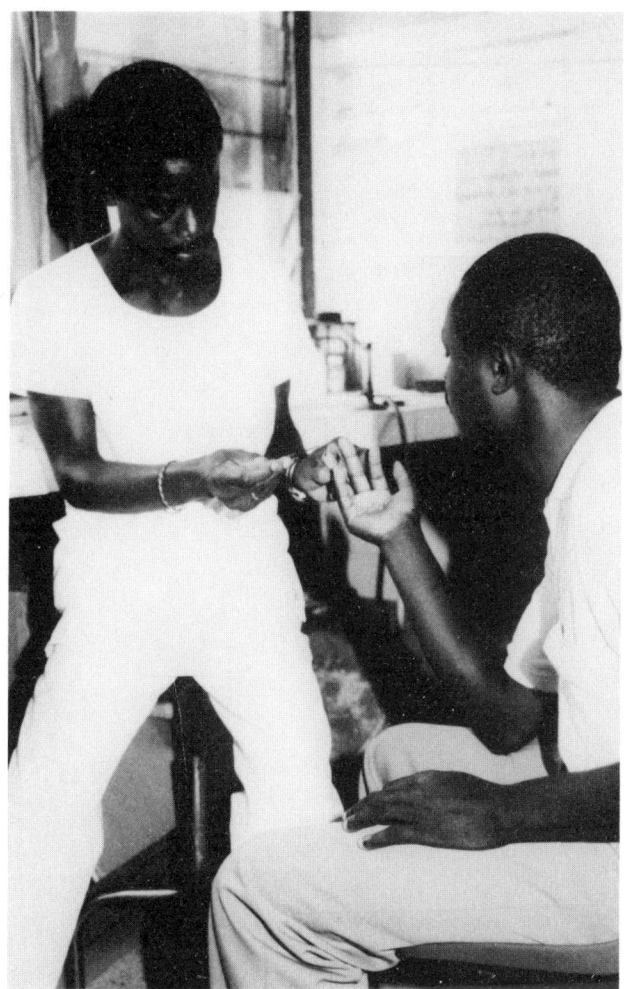

Blutabnahme

ringsum. Auch heute noch ist das Krankenhaus von Lambarene weit und breit das einzige im Urwald. Erst in der Hauptstadt Libreville steht wieder ein Spital, aber bis dorthin sind es 150 Kilometer, und zwar Luftlinie. Deshalb kommen die Kranken auch heute noch mit ihren Verwandten nach Lambarene, und auch heute noch kochen sie oder ihre Angehörigen das Essen selbst neben den Häusern auf kleinen Kochstellen, und der Qualm der Feuerchen vertreibt ein wenig die Moskitos.

Es ist eben ein etwas anderes Krankenhaus dort am Ogowe, nicht so weißgekachelt, so blankgebohnert und so keimfrei wie bei uns. Aber es steht ja auch im tropischen Urwald,

Wie zu Schweitzers Zeiten werden die Kranken von Angehörigen begleitet.

wo die Luft so feucht und stickig ist, daß die Krankenzimmer erst gar keine Türen haben, weil sie doch keiner schließen würde; wo die medizinischen Geräte nach wenigen Jahren verrottet sind; wo es Termiten gibt und Moskitos, und wo das Buschwerk immer sehr kurz gehalten werden muß, damit nicht zu viele Schlangen ins Haus kommen.

Wer immer Lambarene besucht, der geht ein Stück flußabwärts zum alten Spital, dorthin, wo Albert Schweitzer gelebt und gearbeitet hat. Sein Haus mit den beiden kleinen Zimmern steht noch, in denen er jahrzehntelang die Nächte verbracht hat mit Schreiben, Lesen und Orgelspiel. Und auch die anderen Häuser stehen noch, auch heute leben Kranke darin mit der Hoffnung, wieder gesund zu werden – so wie damals im Jahre 1913, als Albert Schweitzer mit seiner Frau zum ersten Mal nach Lambarene kam.

1875	Albert Schweitzer wird am 14. Januar in Kaysersberg im Oberelsaß geboren.	1920	Schweitzer reist nach Schweden und entschließt sich, nach Lambarene zurückzukehren.
1885	Schweitzer besucht das Gymnasium in Mülhausen. Orgelunterricht bei Eugen Münch.	1921	Schweitzer gibt seine beiden Stellungen auf, arbeitet frei. Konzert- und Vortragsreisen (Schweiz, Schweden, England, Dänemark).
1893	Studium der Theologie und Philosophie in Straßburg. Orgelunterricht bei Charles Marie Widor in Paris.	1923	Schweitzer hält Vorlesungen in Prag. Hausbau in Königsfeld im Schwarzwald. Nimmt Kurse für Geburtshilfe, Zahnheilkunde und Tropenmedizin.

1894 Militärdienst beim Infanterie-Regiment 143 in Straßburg.

1896 Schweitzer entschließt sich, mit dreißig Jahren sein Leben zu ändern.

1898 Erstes theologisches Examen. Schweitzer wird Lehrvikar. Studium der Philosophie und Musik in Paris.

1899 Studium in Berlin. Schweitzer wird Doktor der Philosophie.

1900 Schweitzer wird Doktor der Theologie.

1904 Schweitzer liest den Aufruf über die Not im afrikanischen Urwald.

1905 Veröffentlichung der Lebensbeschreibung Bachs. Beginn des Medizinstudiums.

1910 Schweitzer besteht das medizinische Staatsexamen.

1912 Schweitzer erhält die ärztliche Zulassung. Heiratet Helene Bresslau. Erhält den Professorentitel.

1913 Schweitzer wird Doktor der Medizin, schließt die »Geschichte der Leben-Jesu-Forschung« ab. Abreise aus Günsbach und Ankunft in Lambarene. Erster Afrika-Aufenthalt bis 1917.

1915 Schweitzer findet den Begriff »Ehrfurcht vor dem Leben«.

1917 Rücktransport nach Europa und Internierung.

1918 Schweitzer kehrt ins Elsaß zurück, wird Assistenzarzt und Vikar an der Kirche St-Nikolai.

1919 Die Tochter Rhena wird geboren. Orgelkonzert in Barcelona. Einladung nach Schweden.

1924 Zweite Abreise nach Afrika ohne seine Frau, Aufenthalt bis 1927.

1925 Tod des Vaters. Die erste Pflegerin und der erste Arzt kommen nach Lambarene. Eine neues Spital wird gebaut.

1927 Umzug ins neue Spital. Schweitzer fährt nach Europa zurück. Konzert- und Vortragsreise nach Schweden, Dänemark, Holland, Schweiz, Deutschland und Tschechoslowakei bis 1927. Schallplattenaufnahmen in London.

1928 Goethepreis der Stadt Frankfurt. Das Günsbacher Haus wird gebaut.

1930 Schweitzer reist für zwei Jahre nach Lambarene.

1932 Schweitzer hält die Gedenkrede zu Goethes 100. Todestag in Frankfurt. Reisen nach Holland und England.

1933 Die vierte Reise nach Afrika. Vorlesungen in Deutschland, Holland und England.

1934 Schweitzer hält Vorlesungen in England und Schottland.

1935 Fünfter Aufenthalt in Lambarene. Vorlesungen in Schottland, Schallplattenaufnehmen.

1936 Schallplattenaufnahmen in Straßburg.

1937 Sechster Aufenthalt in Lambarene bis 1939.

1939 Für zwölf Tage im Elsaß. Siebenter Aufenthalt in Lambarene bis 1948.

1940 Kämpfe um den Ort Lambarene, das Spital wird verschont.

1941 Helene Schweitzer trifft in Lambarene ein, bleibt bis 1946.

1942 Erste Hilfssendungen aus den USA.

1949 Schweitzer hält die Festrede zum 200. Geburtstag Goethes in Aspen/Colorado. Achter Aufenthalt in Lambarene, bis 1950 mit Helene Schweitzer.

1951 Schweitzer erhält den Friedenspreis des Deutschen Buchhandels in der Frankfurter Paulskirche. Reise nach Schweden. Neunter Aufenthalt in Lambarene bis 1952.

1952 Schallplattenaufnahmen in Günsbach. Schweitzer erhält als erste medizinische Ehrung die Paracelsus-Medaille. Zehnter Aufenthalt in Lambarene bis 1954.

1953 Schweitzer erhält den Friedensnobelpreis, mit dem Preisgeld baut er das Lepra-Dorf.

1954 Schweitzer gibt ein Bach-Gedenkkonzert in der Straßburger Thomaskirche, sein letztes öffentliches Konzert. Elfter Aufenthalt in Lambarene mit Helene Schweitzer bis 1955.

1955 Reise nach England, Paris, Deutschland und in die Schweiz. Schweitzer nimmt den Orden Pour le mérite der Friedensklasse in Bonn entgegen.

1956 Zwölfter Aufenthalt in Lambarene mit Helene Schweitzer bis 1957.

1957 Schweitzer ruft in Radio Oslo gegen die Gefahren der Kernwaffenversuche auf. Helene Schweitzer stirbt in Zürich. Europaaufenthalt. Dreizehnter Aufenthalt in Lambarene bis 1959.

1959 Schweitzer nimmt den Sonningpreis in Kopenhagen entgegen. Reise nach Paris, Brüssel und Rotterdam. Letzter Aufenthalt in Lambarene.

1965 Schweitzer stirbt am 4. September in Lambarene.

Burghard Bartos

ABENTEUER
GREENPEACE

Taten statt Warten

Unter Einsatz ihres Lebens kämpfen die
Greenpeacer ihren friedlichen Kampf gegen die
Zerstörung unserer Welt: »Taten statt Warten«
gegen Atomtests, gegen Luftverschmutzung und
die Verseuchung der Gewässer, gegen das
sinnlose Abschlachten und die Ausrottung von
Tieren. Der Autor berichtet über Anfänge und
Gründung der Organisation Greenpeace und die
spektakulären Aktionen der »Regenbogenkämpfer«.

Ueberreuter